U1014937

走出逆境

100位成功企业家的至理名言

[日]夏池优一◎编著

梁蕾◎译　何晓毅◎监译

中国大百科全书出版社

图字：01-2016-8033
GYAKKYOU NI UCHIKATTA SYACHO 100 NO KOTOBA
© YUICHI NATSUIKE 2012
Originally published in Japan in 2012 by Saizusha Corporation,Tokyo
Chinese (Simplified Character only) translation rights arranged with Saizusha Corporation,Tokyo
through TOHAN CORPORATION, TOKYO.

图书在版编目（CIP）数据

走出逆境：100位成功企业家的至理名言/（日）夏池优一编著；梁蕾译；何晓毅监译. —北京：中国大百科全书出版社，2016.11
书名原文：GYAKKYOU NI UCHIKATTA SYACHO 100 NO KOTOBA
ISBN 978-7-5000-9991-8

Ⅰ. ①走… Ⅱ. ①夏… ②梁… ③何… Ⅲ. ①成功心理-通俗读物 Ⅳ. ①BB48.4-49

中国版本图书馆 CIP 数据核字（2016）第 280354 号

策 划 人　郭银星
责任编辑　曾 辉 张 岚
责任印制　魏 婷
封面设计　零创意文化
出版发行　中国大百科全书出版社
社　　址　北京阜成门北大街 17 号
邮政编码　100037
电　　话　010-88390969
网　　址　www.ecph.com.cn
印　　刷　北京君升印刷有限公司
规　　格　880 × 1230 毫米　1/32
印　　张　7
字　　数　127 千字
印　　次　2017 年 1 月第 1 版　2017 年 1 月第 1 次印刷
书　　号　ISBN 978-7-5000-9991-8
定　　价　35.00 元

本书如有印装质量问题，可与出版社联系调换。

困难时给人勇气，
黑暗中给人光明的至理名言，
都在这里。

目录

CONTENTS

第一章　战胜逆境

第三章 发奋图强

第一章

战胜逆境

本田宗一郎

（本田技研工业株式会社创始人）

没有失败的人生是枯燥的，
就好像一个国家没有历史。

本田宗一郎从16岁就开始在东京的一家汽车修理厂当学徒。由于他勤奋好学，技术过硬，在22岁那年被老板派回到家乡滨松市开了一家修理分厂。本田由此走上了创业之路。

修理厂刚开始只有本田一人，但他手艺好，工作卖力，很快就积累了不少固定客户。修理厂也逐渐发展到50人左右的规模。25岁时，本田在事业上已经相当成功，常常开着豪车四处游玩，过上了奢侈的生活。

虽然修理厂蒸蒸日上，但本田却另有打算。除了修车，他还有一个梦想，就是要制造汽车。

本田在28岁那年关闭了修理厂，成立了一家新公司，开始研制新型发动机活塞环，可是一开始他就在技术上遇到了难题。一次次的试验几乎耗尽了本田所有的积蓄，但他并没有绝望，而是选择了重返校园拜师学习。经过不懈的努力，本田终于成功地研制出新型活塞环，使公司走出绝境起死回生。

“没有失败的人生是枯燥的，就好像一个国家没有历史”，这句话是本田的肺腑之言。经历了大起大落的本田宗一郎最终将“HONDA”打造成了一流的世界品牌。

安藤百福

（日清食品株式会社创始人）

危机总是在
你一帆风顺时登门造访。

安藤百福是世界上发明方便面的第一人。“危机总是在你一帆风顺时登门造访”，这句话可以说是安藤百福人生的真实写照。

安藤百福从22岁开始独立创业。他曾经营过纤维制造公司、精密机械制造公司，还从事过房产销售、营养口服液的开发以及食品制造等多方面的工作。为帮助年轻人就业，他还积极办学，回报社会，成为家喻户晓的知名人士。

可是，没想到祸从天降。由安藤担任理事长的一家信用合作社突然破产，安藤受到牵连，失去了全部财产。安藤的人生一下子从巅峰跌入了谷底。

但正因为有了这次失败，世界上才诞生了方便面。当时已经47岁的安藤，为了东山再起，走出的第一步就是开发“鸡汤面”。

“塞翁失马，焉知非福”，在任何时候都不要轻易放弃希望。

吉田秀雄

（电通广告公司前总裁）

不要害怕摩擦。
摩擦才是进步之源泉，积极之动力。
害怕摩擦只能使你变得自卑懦弱。

“广告鬼才”吉田秀雄，1903年出生于日本福冈县。

吉田秀雄10岁那年，在台湾工作的父亲不幸因高压线事故突然离世，家里的生活从此陷入困境。年幼的秀雄不得不靠送报纸补贴家用。后来秀雄被吉田家收为养子，物质上虽然无忧无虑，但与养母之间的感情一直不好。

吉田秀雄从东京大学毕业那年，正逢日本经济萧条，就业非常困难。22岁的吉田不仅已经结婚，而且还有了孩子。他最终以优异的成绩被电通广告公司的前身——日本电报通信社录用。

吉田秀雄一开始被分配到营业部地方内勤科工作。由于工作勤奋，表现突出，他38岁时被提拔为常务副总裁，43岁时成为电通广告公司的第四任总裁。

吉田秀雄为扶植民办广播电视事业，实现广告经营合理化做出了巨大贡献。“不要害怕摩擦。摩擦才是进步之源泉，积极之动力。害怕摩擦只能使你变得自卑懦弱。”这是吉田秀雄留下的经典名言。

当时广告业还是地位很低的一个行业。吉田秀雄正是借助于摩擦的力量才将电通一手打造成世界一流的广告公司。

稻盛和夫

（京瓷株式会社创始人）

能赶上这百年不遇的大变革，
难道我们不应该感到幸运吗？

当今，年轻人就业难正日益成为日本的社会问题。京瓷株式会社创始人稻盛和夫年轻时也曾为找工作吃了不少苦头。

稻盛大学毕业后离开鹿儿岛来到东京、大阪找工作，没想到却四处碰壁，最后他勉强进入了一家生产绝缘瓷瓶的公司。可是由于劳动条件苛刻，和他一起进厂的人几乎都跳了槽，但稻盛没有动摇，他留了下来。公司让他负责研制一种特殊陶瓷，这为他27岁时创立京瓷积累了经验。

京瓷成长为世界一流企业后，稻盛也从来没有停止接受挑战。

1985年，日本通信法正式实施，日本通信事业开始步入自由竞争的时代。稻盛立刻表示将进入这一新的领域。由于一切要从零做起，大家都没有自信。面对全体职工，稻盛大声呼吁："能赶上这百年不遇的大变革，难道我们不应该感到幸运吗？"紧接着他又说："机不可失，时不再来。我相信只要大家齐心协力、发奋图强，就一定能取得成功。"

结果只用了两年四个月就成功完成了线路的开通。稻盛就是这样通过鼓舞员工士气，打破陈规，最终开创了新的事业。

堀场雅夫

（堀场制作所创始人）

要想做自己想做的事，
最初都要从一些无关的事做起，
所以最好还是扎扎实实做好每一件事，
除此之外别无捷径。

日本学生创业的先驱堀场雅夫，1924年出生于日本京都市。他是日本发明玻璃电极pH测试仪的第一人。

堀场雅夫小学四年级时患上了小儿风湿症，因为不能参加户外活动，他迷上了制作飞机模型。堀场雅夫痊愈后，考取了京都大学物理系，梦想成为一名物理学家。可是由于日本战败，大学的实验设备几乎全部被关闭，堀场雅夫的梦想也随之化为泡影。

堀场雅夫在学校里无事可做，于是就白手起家办起了一家研究所——堀场无线研究所（就是后来的堀场制作所）。现在堀场制作所已经发展成为生产世界分析仪器的顶级企业，但在创业之初却并不顺利。堀场雅夫不仅饱受通胀之苦，且对大量零部件的使用方法也不很了解。

“要想做自己想做的事，最初都要从一些无关的事做起，所以最好还是扎扎实实做好每一件事，除此之外别无捷径”，回忆起创业经历，堀场雅夫这样说。堀场雅夫以“新奇有趣”作为自己的经营哲学，如果没有锲而不舍的精神是很难达到这一境界的。

鹿岛守之助

（鹿岛建设公司总裁）

事业一旦过时，
其中的一半都会失败。

鹿岛守之助被称为鹿岛建设公司的“复兴之祖”，但他正式成为公司的一员参与公司经营是在他40岁以后。在那之前鹿岛是一名外交官，在德国、意大利等国的驻日使馆工作。

作为外交官，鹿岛守之助的奋斗目标是成为日本的外务大臣，但是一次偶然的机会改变了他的人生。在前往欧洲赴任的客轮上，他结识了鹿岛建设公司第二任总裁鹿岛精一。鹿岛精一一眼就看中了他，把他选为自己的女婿。鹿岛守之助因此成为鹿岛建设公司的一员。两年后，他被提拔为总裁。

虽然鹿岛建设公司有着悠久的历史，但在鹿岛守之助接任公司总裁时却处于严重的赤字状态。“事业一旦过时，其中的一半都会失败”，肩负复兴重任的鹿岛守之助得出这样一个结论。

当然，这句话的意思并不是说只要是新的就好。实际上鹿岛守之助正是在继承传统的同时，引进了先进的施工技术，才实现了鹿岛建设公司的复兴。今天的鹿岛建设公司已经成为日本综合建筑的龙头企业。

市村清

（理光集团创始人）

不论遭遇什么样的厄运，
只要不放弃希望，
人生就还会继续。

理光集团创始人市村清起初是一家保险公司的外勤职员。他是一个天生善于跟人打交道的人，业绩出类拔萃。一位朋友看上了他在这方面的才能，希望他帮助推销刚刚上市的理研感光纸。

市村清于是辞去了保险公司的工作，设立了“理研感光纸九州总代理店”，开始推销阳画感光纸。由于业绩突出，市村清很快被总公司任命为感光纸部部长，正式成为公司的一员。

可是市村清没有想到，来到总公司后等待他的竟是来自周围人的嫉妒和冷眼，几乎所有的人都对他爱理不理。市村清通过放弃业务进行抗议，迫使高层表态。孤立无援中，他始终坚持自己的主张，最后终于改变了周围人的态度。

1936年，感光纸部门从公司独立出来，并更名为“理研感光纸株式会社”，市村清出任总裁。两年后，公司改名为“理研光学工业”，就是理光集团的前身。

“不论遭遇什么样的厄运，只要不放弃希望，人生就还会继续”，市村清用这句话告诉我们，任何时候都不要怨天尤人。拿出勇气冲破障碍，成功之路就在自己的脚下。

正垣泰彦

（萨莉亚创始人）

因为菜做得好，
所以就应该卖得贵，
顾客才不这么想。
不降价仅仅是对自己好。
顾客要的是既便宜又好吃的饭菜。

在拥有自己的餐馆“萨莉亚”时，正垣泰彦还是东京理科大学的一名学生。最初只可以容纳36个座位的萨莉亚现在已经是一家拥有700多家店铺的大型连锁餐饮店。

餐馆在刚刚开张7个月时就出了大事。因为客人在店内打架碰翻了炉子，引起火灾，烧毁了店铺。这对正垣泰彦来说简直就是晴天霹雳。

但正是这场火灾才使正垣泰彦下决心改变经营模式。经过周密的市场调查后，他决定把新店开成一家意大利餐馆。为了吸引顾客，他又采用低价战略，萨莉亚因此大受好评。随着顾客的增加，萨莉亚的连锁店也急速扩展。

为了让顾客满意，萨莉亚的价格常常打五折，有时甚至打到三折，一盘意大利面条只卖150~200日元。萨莉亚的低价路线引起了同行的反感。对此正垣泰彦表示：“因为菜做得好，所以就应该卖得贵，顾客才不这么想。不降价仅仅是对自己好。顾客要的是既便宜又好吃的饭菜。”

在经营上能够做到的最大努力就是全心全意地满足顾客的需求，而不是为自己找借口。

谷口义晴

（日本陶瓷株式会社创始人）

正因为公司小，
工作才能做得细、做得快。

日本陶瓷株式会社创始人谷口义晴，1936年出生于日本兵库县。

从日本立命馆大学毕业后，谷口义晴到鸟取县的一家电子零配件公司工作，成为一名技术人员。由于受石油危机的影响，公司经营日趋恶化。在谷口义晴38岁那年，公司开始裁员。在上司的劝说下，他和其他四名部下一起辞职，创立了一家小公司——日本陶瓷株式会社，业务主要是利用陶瓷技术开发研制传感器。

可是谷口义晴的创业之路并不平坦，他关于购买设备的融资计划遭到了银行的拒绝，眼看着资金耗尽，连职工的工资都发不出来。就在这关口，他们利用超声波感应技术开发电视遥控器一举成功。在谷口40岁那年，公司又成功开发出高精度的防盗传感器，为市场提供了新的商品。

一天，一家知名保安公司的采购人员来到位于鸟取县的日陶工厂洽谈业务。谷口义晴当场问清了对方的要求，连夜赶制，第二天就把样品摆在了对方面前。谷口凭借自己迅速细致的作风顺利拿下了这笔订单。

为什么工作能做得如此迅速细致？谷口的回答是："正因为公司小，工作才能做得细、做得快。"

由于公司名气太小，防盗感应器在刚刚问世时，销售困难重重。对方由于不知道日陶这名字，看都不看商品。但是小也有小的长处，谷口正是最大限度地发挥了小公司的长处，才使日陶获得了可观的收益。

安田善次郎

（安田财阀创始人）

人生之路必须
一步一个脚印地往前走。

安田善次郎是安田财阀的创始人。明治新政府成立后，安田善次郎立即投身金融业，接连创建了第三国立银行、第四十一国立银行以及安田银行等几家大银行。他还是两毛铁道、帝国饭店的创始人之一。1893年，安田善次郎又成立了帝国海上保险公司（现为损保日本）。

安田善次郎在财界纵横驰骋，一手奠定了安田财阀的基础。

安田善次郎创业的经历要从他20岁时给一家钱庄当学徒说起。在江户时代，钱庄是最容易招引强盗的地方，因此一般人都不愿意开钱庄。而安田善次郎当了六年学徒以后，明知有风险，他还是在日本桥人形町开了一家钱庄。

安田的钱庄也确实遭过抢劫，但没有像别的钱庄那样在被抢后就停业，而是坚持开门营业。在幕府末期的动荡中，安田不仅积累了大量资本，而且还赢得了幕府的信赖。

“人生之路必须一步一个脚印地往前走。”成功是有理由的，千万不要忘记，每一次成功的跳跃都离不开脚踏实地的助跑。

鸟羽博道

（Doutor咖啡馆创始人）

绝对没问题，
因为我的舌头记着那种味道。

20世纪90年代后期，喝咖啡成为日本的一大潮流。时至今日，咖啡馆连锁店已经遍布日本的大街小巷，而引领这一潮流的就是Doutor咖啡馆。

1962年，Doutor咖啡馆的创始人鸟羽博道开了一家店面只有8个榻榻米、2名店员的小型咖啡豆专卖店。他靠加工销售咖啡豆终于攒够了700万日元的资金，准备经营咖啡馆。可是没想到这笔资金却被人骗走了。

后来几经周折，1980年，鸟羽博道终于在东京原宿开了自己的第一家咖啡馆——Doutor 咖啡馆。

售价150日元的醇香美味的咖啡立刻赢得了顾客的好评，但是鸟羽博道并没有满足，他还有一个心愿，就是要为顾客提供正宗地道的德国烤肠。鸟羽博道在欧洲旅行时，非常喜欢德国小吃摊上卖的烤肠。那种美味使他无法忘怀。鸟羽博道曾想过直接从德国进口烤肠，但由于德国对出口有很多限制，所以他只好自己去做。“绝对没问题，因为我的舌头记着那种味道”，鸟羽就是用这句话来鼓舞自己的。为了再现这种地道的德国风味，鸟羽和日本国内的一流烤肠加工企业合作，经过无数次的配合调整，终于生产出味道非常地道的德国烤肠。

当你陷入困境时，只要不放弃努力，就一定能梦想成真。

冢本幸一

（华歌尔集团创始人）

我一定会成为世界第一，
而且也只能成为世界第一。

一支55人的部队，52人战死，只活下来3人。这就是日本二战时输得最惨的一场战役——英帕尔会战。华歌尔集团创始人冢本幸一就是这3名幸存者之一。

复员后，冢本先是靠摆摊卖提包饰品等物谋生。后来他开始依照妻子的体型做胸罩和吊袜带，没想到竟成了女人们的抢手货。

可是好景不长。到了冬天，由于洋式内衣不保暖，女人们又都穿上了传统的和服。冢本的手头积压了大量商品，资金周转也出现了困难。

但是冢本并没有绝望，他的脑子里已经构想出一个长达50年的事业蓝图——不仅要向海外发展，而且还要成为世界第一。困境中冢本不是只看眼前，而是看到了50年后。“如果我有幸完成这个50年计划，那么我一定会成为世界第一，而且也只能成为世界第一。”

华歌尔能够成为世界一流的内衣公司，就是因为有如此远大的目标。

竹鹤政孝

（Nikka威士忌创始人）

我们对自己生产的威士忌感到自豪，
希望大家在销售时也同样感到自豪。

1894年，竹鹤政孝出生于日本广岛的一个酿酒世家。为了继承家业，竹鹤政孝不仅在大阪高等工业学校学习了酿造技术，而且还在外地锻炼多年。可是他发现自己真正感兴趣的是洋酒。

于是竹鹤选择去一家洋酒工厂——摄津酒厂工作。可是仅仅工作还不能满足他的求知欲，为了掌握真正的威士忌制造技法，他最终决定去威士忌的故乡苏格兰留学。留学期间，竹鹤刻苦钻研，利用在蒸馏所实习的机会如饥似渴地学习技术。

竹鹤政孝40岁那年有了自己的酒厂。经过不懈的努力，他在六年后终于成功推出了日本最早的威士忌——Nikka威士忌。

当时市场上卖的几乎都是等级较低的勾兑威士忌，竹鹤的威士忌虽然质量好，但价格较贵，所以卖得并不好。为了打开销路，营业部门的人专门举办了一次宴会，请来了各大批发商。席上竹鹤开门见山地说："如果大家觉得我们的威士忌没有市场，我绝不勉强大家。如果今后还打算与我们合作的话，我希望大家好好想一想，为什么我们的威士忌没有别人的量多却卖得比别人贵？"

一席话说得举座哑然。接下来竹鹤说的就是这句话："我们对自己生产的威士忌感到自豪，希望大家在销售时也同样感到自豪。"虽然竹鹤的态度没有丝毫的妥协，但是深深地打动了所有在场的人。

如何面对危机，最能显示一个人器量的大小。

鬼冢八喜郎

（Asics创始人）

要想成为弱肉强食时代的胜者，
你只有扬长避短，
与强者对抗这一条路可走。

Asics的创始人鬼冢八喜郎，1918年出生于日本鸟取县。

日本战后百废待兴，不良青少年充斥街头，成为当时的一大社会问题。鬼冢对此深感痛心，决心通过开展体育活动来帮助青少年健康成长。为了让赤脚的孩子们都穿上运动鞋，鬼冢31岁时成立了鬼冢株式会社，也就是Asics的前身。

可是，公司在1964年却因资金不足陷入了经营危机。虽然主要原因是银行为控制通胀拒绝贷款，但实际上在这之前公司副总裁推行的多元化经营已经造成了慢性的资金周转困难。

为了重振经营，鬼冢首先撤换了副总裁，然后修正轨道，重新回归到研发、生产运动鞋的事业原点上。紧接着鬼冢又搭上了东京奥运会的顺风车，事业得到迅速发展。

“在弱肉强食的时代，只有发挥自己的特长，与强者对抗才有可能生存下去。”鬼冢八喜郎正是通过对事业进行筛选和集中，才成功地走出了困境。他还说：“关键时刻只有胸怀大志的人才能临危不惧，百折不挠。”

藤田晋

（CyberAgent创始人）

今后无论发生什么，
我都不会改变自己的信念。

CyberAgent创始人藤田晋，1973年出生于日本福井县。

从青山学院大学经营系毕业后，藤田晋进入综合人才服务公司Intelligence就职。1998年，25岁的藤田成立了自己的网络综合服务公司CyberAgent，开始走上创业之路。仅两年时间，公司就在东京证券交易所新兴企业市场上市，一时成为媒体关注的对象。

可是好景不长，上市不久就出现了网络泡沫的破灭，股价大跌，股东怨声载道，而公司又面临着被收购的危机。虽然藤田晋使尽了浑身解数，也没能阻止股价的下跌，他几乎陷入了绝望。就在这时，乐天公司的三木总裁答应投资，使藤田绝路逢生。

几个月后，藤田对三木表示要在决算之前摆脱赤字恢复盈利，但三木回答说："不用急，你不是有自己的中长期目标吗？还是不要轻易改变为好。"藤田听了这席话非常感动，当场表示，今后无论发生什么，他都不会改变自己的信念。

藤田晋的信念就是"打造21世纪的一流企业"。现在CyberAgent已经在众多领域取得了巨大的成绩，但它面临的挑战才刚刚开始。

是川银藏

（常和投资公司前总裁）

对我来说每天都是一场拼搏。
失败了绝不会有人来帮你。
自己的命运只能靠自己努力去开拓，
除此之外别无生路。

日本股票大师、常和投资公司前总裁是川银藏，1897年出生于日本兵库县。

幼年时，由于家境贫寒，是川银藏小学毕业后就进入神户的一家商行当学徒。在他16岁那年，商行倒闭，他只身来到青岛，成为青岛守备日军的御用商人。但好景不长，是川因涉嫌行贿遭到逮捕，回到日本时已经是身无分文。

关东大地震时，由于需要搭建棚户，镀锌铁皮的需求大增。是川趁机囤积镀锌铁皮进行倒卖，获利高达10倍以上，因此一夜暴富。可是在金融恐慌中银行倒闭，是川再次沦为赤贫。

此后的三年，是川一头扎进图书馆发奋苦读。除了潜心研究经济问题，他还对股市投资产生了浓厚的兴趣。后来是川投资日本水泥、同和矿业，饱尝了成功与失败的滋味。1981年到1982年间，是川大量购买住友金属矿山股份，获利200亿日元，跃居日本首富。

“对我来说每天都是一场拼搏。失败了绝不会有人来帮你。自己的命运只能靠自己努力去开拓，除此之外别无生路”，这就是被称为“最后的股神”的是川银藏留给世人的名言。日复一日的不懈努力才是改变命运的力量源泉。

矢野博丈

（大创产业创始人）

如果有一天你发现自己
既没有本事又没有运气，
那未尝不是一件好事。

大创产业创始人矢野博丈，1943年出生于日本广岛县。今天，矢野的“百元店DAISO”已经遍布全日本，但他的人生却并不平坦。

矢野还在日本中央大学读书时就已经结婚成家。毕业后他作为上门女婿继承了妻子家族的事业，从事水产养殖。可是由于经营失败，矢野负债累累，不得不连夜搬家躲债。此后为了谋生，他换过很多工作，如推销过百科全书，回收过废品，还当过保龄球场的管理员。

1972年，30岁的矢野终于有了自己的生意。他买了一台卡车，开始移动销售日用杂货。车上的商品一律卖100日元。虽然卖得便宜，但为了保证质量，矢野在进货时常常不惜成本。

矢野的商品很快就赢得了顾客的口碑。可是就在这时，矢野的仓库遭遇了一场大火。火灾过后，矢野整理出一些幸存商品，抱着试一试的心理来到一家大超市，希望能把商品放在店里销售。他幸运地获得了许可，并开了自己的第一家“百元店DAISO”。

矢野在40岁那年又因员工闹独立，再次面临危机。由于压力巨大，一连几天矢野的小便都变成了褐色。

“如果有一天你发现自己既没有本事又没有运气，那未尝不是一件好事。”当一个人明白了自己的极限，或者说只有明白了自己的极限，才有可能找到自己的路。

高田明

（Japanet Takata创始人）

干得了还是干不了，
自己说了算，别人谁也管不了！

日本通信销售巨头Japanet Takata总裁高田明亲自出演电视节目，以独特的方式向电视机前的观众宣传各种商品。他在日本是一个家喻户晓的人物。

高田明上大学时就参加了英语会话学习小组，非常热衷于英语学习。毕业后为了发挥英语专长，高田进入阪村机械制作所工作。第二年他就如愿以偿地被派到欧洲工作，但因为大学同学鼓动他一起办翻译公司，第三年高田就辞职了。

可是高田辞职后，办翻译公司的事儿却不了了之，高田只好回家帮父母照管相机店。有时一天也等不来一个客人，他就干脆带上相机去饭店，在宴会厅给住宿的客人照相。头天照好，第二天洗好拿去卖给客人，没想到生意竟然不错。

高田在38岁那年在佐世保创立了自己的公司。1990年，高田开始通过广播推销商品，有一次，5分钟就卖了50台相机。这让他深感到媒体巨大的影响力。

4年后，高田开始在电视上销售商品。由于卖得好，公司业绩大增。为了赶在新商品上市的当天就能通过电视销售，高田甚至在电视台里设立了一个自己公司专用的摄影棚。

据说高田平时比较内向，在家里只要电视上出现自己马上就会换频道。当有人问他是否觉得自己适合现在的工作时，高田的回答是："干得了还是干不了，自己说了算，别人谁也管不了。"接着他又说："首先要相信自己干得了。"

桥本真由美

（Book Off总裁）

首先做好眼前的每一件事，
其次每做一件事都要有所创新。
有成绩大家一起分享，
失败了大家也要一起想办法。

日本最大的二手书连锁店Book Off的总裁桥本真由美，1949年出生于日本福井县。

桥本的父母从事林业工作。桥本从短期大学毕业后在一家医院当营养师。结婚后她辞去了工作，成为一名家庭主妇。

1990年，Book Off一号店在神奈川县开张。在家里当了18年主妇的桥本应聘成为临时店员，并且一干就是16年。在这16年里，桥本积累了丰富的一线经验，成为一名优秀的店长。鉴于她出众的领导才能，公司创始人坂本孝破例提拔她担任总裁，桥本也因此受到媒体的关注。

为了提高店铺的吸引力，Book Off有很多独特的做法。比如说招呼顾客，只要有一个店员说出声，其他店员也都跟着说，Book Off称之为“回声”。另外，同一本书如果积压了好几本，立刻就会被移到100日元的特价书架上处理。这些都是桥本的发明。桥本初任二号店店长时，二号店眼看就要倒闭了。桥本硬是通过改变员工意识，加强管理，使二号店成功渡过了危机。

“首先做好眼前的每一件事，其次每做一件事都要有所创新。有成绩大家一起分享，失败了大家也要一起想办法”，这就是桥本对员工提出的要求。

团结互助，同甘共苦，一个好的团队才可能带给顾客好的感受。

御木本幸吉

（御木本珠宝创始人）

一个人如果不痴迷于某一件事，
他就不会做得比别人好。

被誉为“珍珠之王”的御木本幸吉，是世界上第一个人工养殖珍珠的人。

御木本当年赴欧美考察时，曾专门在纽约拜访了爱迪生。当爱迪生看到御木本赠送的珍珠时，非常惊讶，他说：“在我的研究所里只有两样东西做不出来，一个是钻石，一个就是珍珠。从动物学的角度看，养殖珍珠几乎是不可能的，你却做到了，这可是一大壮举。”

最初，御木本只是从事阿古屋贝的保护和繁殖工作。后来他尝试利用阿古屋贝养殖珍珠。由于得不到外界的支持，御木本屡次陷入资金困难的危机。在妻子的支持下，1893年他终于实现了自己的梦想。

御木本曾经被一家法国宝石公司告上法院，理由是他的养殖珍珠不是真正的珍珠，但法院的结论是：“养殖珍珠无异于天然珍珠。”这件事不仅没有降低养殖珍珠的信誉，反而使日本的养殖珍珠名扬天下。

“一个人如果不痴迷于某一件事，他就不会做得比别人好”，这就是御木本成功的秘诀。

第二章

改变想法

史蒂芬·乔布斯

（苹果公司创始人）

任何挑战都会伴随风险，
没有风险也就没有机会。

2011年10月6日，苹果公司创始人史蒂芬·乔布斯与世长辞。这一天，世界各地的苹果零售店前都摆满了人们表达哀悼的花束。

iMac、iPod、iPhone、iPad……人们都可以从这些新颖大方的苹果产品上看到乔布斯超人的创造力。

在产品开发上，乔布斯可以说是精益求精，但也因此常常与周围的人发生冲突，而这时候乔布斯从不妥协。

乔布斯30岁时曾一度离开了自己亲手开创的苹果公司。后来他再次回到苹果公司担任CEO，4年后便成功推出了轰动一时的iPod。

“任何挑战都会伴随风险，没有风险也就没有机会。”这句话充分反映了乔布斯的精神世界。

马克·扎克伯格

（Facebook创始人）

我的目的不是为了赚钱，
我只想让世界变得更开放。

截至2012年2月，全球最大的社交网站Facebook的用户总数已超过8亿4500万人，仅在日本就达到了2500万人。Facebook的收益主要来自网络广告，2011年，其收入超过了37亿日元，比2010年翻了一番。

Facebook创立于2003年，它的创始人马克·扎克伯格当时还是哈佛大学的学生。最初他只不过是在自己的学生宿舍里开设了一个主要服务于大学生的交流网站。2008年，Facebook开通了日语版，发展非常迅速。

扎克伯格在谈起自己的创业时这样说：“我的目的不是为了赚钱，我只想让世界变得更开放。”

柳井正

（优衣库创始人）

任何事都不可能是一帆风顺的，
成功的背后肯定会有失败。

年轻人跳槽的现象在日本越来越普遍，有人说现在年轻人缺乏吃苦的精神。优衣库创始人柳井正曾经就是这样的一个年轻人。

从早稻田大学经济系毕业后，柳井正进了大型百货零售商吉之岛（JUSCO）就职，可是不到一年他就辞职不干了。柳井先是借住在一个朋友的宿舍，每天朋友出门上班后，留下他一个人在家百无聊赖。这毕竟不是长久之计，不久他回到了老家。

柳井正的父母经营了一家很小的服装店，主要卖男式西装。他回来后开始接替父母经营服装店，而这一步成为他人生的转折点。1984年，柳井正在广岛开设了第一家优衣库专卖店，转向经营休闲装。为了制造话题，他把店铺开张时间选在早上六点半，也就是学生上学之前。结果一下就引起了人们的关注。

虽然优衣库以低价格和独有的品牌战略在经济下滑中依然保持着持续增长，但其在农业领域的一系列尝试却惨遭失败。

对此柳井正说："任何事都不可能是一帆风顺的，成功的背后肯定会有失败。"而失败有时会给人带来意想不到的成功。

铃木修

（铃木株式会社社长）

到没有汽车工厂的地方去，
你就能成为第一。

1930年，铃木修出生于日本岐阜县。从中央大学法律系毕业后，他就进入铃木汽车公司就职。

铃木公司的畅销车——奥拓是在铃木修就任社长的第二年诞生的。这款微型轿车在日本以统一价（47万日元）销售，这在当时还属于首创。继奥拓掀起第一次轻型车购买热后，1993年铃木公司又成功推出了一款箱式高顶休闲车WagonR，为第二次轻型车购买热拉开了帷幕。

如何在丰田、日产等大公司独占鳌头的汽车行业胜人一筹，是铃木一直思索的问题。最后他得出的结论是进入印度市场。虽然在谈判中铃木屡次遭到拒绝，但经过反复交涉，最终将构想变为现实。

“到没有汽车工厂的地方去，你就能成为第一”，这就是铃木选择印度的理由。在描绘远大目标的同时，要摸索切实可行的办法，在这个过程中自然会创造企业的利益。

中村俊郎

（中村义肢制作所社长）

所谓“不可能”，
只不过是自己脑子里那么想而已。
结果如何，不做谁也不知道。

中村义肢制作所社长中村俊郎，1948年出生于日本岛根县。

高中毕业后，中村通过姐姐的介绍进了京都的一家老牌义肢制作所工作。中村在这里一干就是六年，初步掌握了义肢制作的技术。

中村越干越喜欢自己的工作，为了掌握更先进的技术，他来到美国留学。当得知在美国加州的一座叫坎贝尔的小镇上竟然有一家著名的义肢制作所时，中村的触动很大，他想到了回家乡创业。虽然中村在留学期间曾不幸遭遇重大事故，险些丧命，但这反而更加坚定了他创业的决心。

中村回到家乡，把家里的一间库房改造成工作坊，开始了一个人的创业生活。如今，中村义肢制作所生产的人工乳房、人工手指、义肢以及护腰、护膝等产品已经获得多项专利并销往世界各地。

“所谓‘不可能’，只不过是自己脑子里那么想而已。结果如何，不做谁也不知道。”没有先入为主观念的人，才可能成为先驱者。

弘世现

（日本生命保险公司前董事长）

人应该顺应潮流，
但又不能被潮流冲走。

日本生命保险公司前董事长弘世现，1904年出生于日本东京。

弘世现还在东京帝国大学经济系读书时，就与日本生命保险公司第三任总裁弘世助太郎的四女儿芳子结婚，成了弘世家的上门女婿。大学毕业后，他先就职于三井物产，1944年才作为副总裁进入日本生命保险公司。4年后，弘世现就任总裁，年仅44岁。

在担任总裁的35年间，弘世现积极推进改革创新，完成了大量新颖的构想，比如定期储蓄型养老保险以及通过向企业贷款或股市投资等进行资本运作。另外，他还积极雇用战争遗孀作为公司的推销员，形成了一支独具特色的以女性为主体的保险推销队伍。这些女性推销员被人们亲切地称为“日生Lady”。

在弘世现的领导下，日本生命保险公司在保有契约额及总资产上成功跃居日本首位。1977年，又在保有契约额上超过了美国保德信保险公司（Prudential）成世界第一。但是在弘世担任常务副总裁之初，公司还完全是一个烂摊子。“人应该顺应潮流，但又不能被潮流冲走。”把一个快要破产的公司成功打造成世界最大的保险公司，这就是弘世现的回答。

永守重信

（日本电产公司创始人）

制定目标时，
首先看哪一条你做不到，
这就是你的目标。

1944年，永守重信出生于日本京都府。从职业训练学校电机专业毕业后，永守28岁时就创立了日本电产公司。当时公司只有4个人。

谁能想到就是这样一个不起眼儿的小公司，仅用了15年就在大阪证券交易所二部及京都证券交易所上市。1998年，日本电产又在东京证券交易所一部上市，继而又在2001年在纽约证券交易所上市，从一个创业公司迅速成长为员工总数达10万人的国际企业。

“不论是什么马达，我们都要达到世界第一”，这就是永守重信的目标。现在日本电产已经占领了世界HDD内嵌精密马达的一大半市场。在开拓海外事业上，日本电产积极采取企业并购战略，但很少对并购企业裁员。在这一方面永守的经营策略已获得好评。

“制定目标时，首先看哪一条你做不到，这就是你的目标。”对于永守重信来说，所谓目标，首先应该是高不可攀的。不要怕别人笑话，也不要怕别人误解，有时候“吹牛”是必要的。

诸井贯一

（秩父水泥公司前总裁）

所有人都反对的事，
反而值得想一想。

秩父水泥公司前总裁诸井贯一，1896年出生于日本东京。

从东京帝国大学经济学部本科毕业后，诸井贯一又继续攻读研究生。研究生毕业后，他留在母校担任工学部和经济学部讲师，主讲工业经济学。据说是受了大实业家涩泽荣一的鼓动，诸井才离开大学走上了经商这条路。

秩父水泥是诸井的父亲诸井恒平创建的。进入公司后，诸井曾担任厂长和副总裁，1948年就任总裁。作为企业家，诸井培育了一个优秀的企业；作为商界的理论家，他历任经济同友会副干事长、日本经营者团体联盟副会长等要职。

诸井贯一年轻时为人固执，做事说一不二。涩泽荣一曾对他说过这样一番话："坚持立场不是坏事，但还必须大度，能包容别人的意见。否则寸步难行。"

"所有人都反对的事，反而值得想一想"，这是诸井贯一对少数意见的看法。被周围人反对的意见，有时更具独创性。

樋口武男

（大和房建工业株式会社会长）

企业裁员的时候
才是获得优秀人才的好机会。

大和房建工业株式会社是日本第二大房屋住宅建筑公司。现任会长樋口武男自1984年起就担任公司高管，28年来一直活跃在公司经营的最前线。

1993年，身为专务副总裁的樋口武男突然接到公司创始人石桥信夫的命令，去一家下属公司担任总裁，而这家公司当时正面临86亿日元的巨额亏损。如何才能改变现状，所有的人都想到了裁员。可是樋口不仅没有解雇一个人，甚至还做出了每年增加100人的决定。

当时日本正处于泡沫经济破灭后的就职冰河期，企业的用人需求大幅减少，而樋口却做出完全相反的决定。对此他是这样说的："企业裁员的时候才是获得优秀人才的好机会。"

樋口武男担任会长后，在引进新生力量的同时，还提拔了一批30岁左右的优秀人才担任分店长。对于经营不善的分店，不管店长是谁，樋口都毫不留情，该撤就撤。以前需要两个星期左右的土地收购审批手续也得到简化，只要营业人员亲赴现场就可以速断速决。经过大刀阔斧的改革，这家亏损企业终于重获新生。

2001年，樋口武男以卓越的经营才能就任大和房建工业株式会社会长。

久保顺平

（久保本家酿酒厂第十一代传人）

不要害怕变化，
传统也是与时俱进的产物。

久保本家酿酒厂，1702年创建于日本奈良县宇陀市，是一家拥有300多年历史的酿酒老厂。

第十一代传人久保顺平刚开始不想继承家业，从金泽大学毕业后，选择到大和银行就职，走上了一条与酿酒完全无关的职业道路。

在银行工作的第四年，久保被派往伦敦工作。身处异国，他第一次意识到自己对日本文化的无知。1990年，回到日本五年后他离开了银行，回到故乡继承了祖传的家业。

可是，一开始他就面临着日本酒消费下降，客户日趋减少的局面。为了改善局面，久保顺平做出了大胆的决策，即导入“生酒母酿造法”。“生酒母酿造法”是源于江户时代的一种传统工艺，这种工艺比现行工艺要多花费一倍以上的人力和时间。不少老师傅对此表示怀疑并相继离开了酒厂，但这并没有动摇久保的改革决心，他说：“不要害怕变化，传统也是与时俱进的产物。”

经过不懈努力，久保本家酿酒厂终于成功开发出清澈爽口、后味醇厚的新产品，不仅名声远扬，还获得了大量的固定客户。

栗原干雄

（FreshnessBurger创始人）

对我来说，
前途未卜的人生才充满刺激。

1951年，栗原干雄出生于日本琦玉县。从日本大学生产工学部建筑工学科毕业后，栗原进入积水房建公司就职。

这是一份令人羡慕的工作，报酬丰厚，光是奖金栗原干雄一次就拿到了12个月的工资。可是他在27岁那年却辞职和姐夫开起了便当店。栗原不惜放弃安定的生活，为的就是创办便当店“Hokkahokkatei”。

创业后，“Hokkahokktei”迅速成长，仅用了4年时间连锁店就突破了1000家。但栗原并不满足，他开始寻找新的商机，这就是开汉堡包店。虽然完全没有经验，但栗原还是在东京涩谷区富谷开了一家汉堡包店——“FreshnessBurger”一号店。2年后，栗原退出了“Hokkahokkatei”，把全部心思都放到汉堡包店的经营上。

栗原不仅注重材料鲜度，还积极创新，比如在汉堡胚里加入南瓜开发出风味独特的新产品。在他的不懈努力下，“FreshnessBueger”的名声逐渐扩大，现在已经发展成为一个拥有180多家连锁店的品牌店。

“对我来说，前途未卜的人生才充满刺激。”不安于现状，不断追求变化，这就是栗原干雄成功的秘诀。

三井高利

（三井产业集团创始人）

把工作当作苦差，
那你就大错特错了。

三井产业集团的创始人三井高利，14岁就来到江户，在长兄经营的和服店当学徒。他梦想着将来能有一间自己的店，可是长兄却让他在28岁那年回家照顾母亲。三井回到家乡伊势松阪后一边从事金融业，一边为重返江户积累资本。

1673年，长兄故去，52岁的三井高利在江户本町一丁目开了一家“三井越后屋和服店”。他本人身在松阪，和服店则让他的儿子经营。

三井和服店开业后打破常规，采取了“门市贩卖”、“明码标价”等新的经营手法，不仅加速了资金周转，也大大降低了经营成本。另外，按当时的习惯，布料都以匹为单位出售，三井认为这很不符合顾客的需要，于是就改为按需出售，顾客需要多少就买多少。结果他的店一下子门庭若市，成了最受老百姓欢迎的店。

三井高利凭借他超人的经营才能，一代就创下了7万多两白银的巨额财富。关于如何对待工作，三井是这样说的：“把工作当作苦差，那你就大错特错了。”

只有热爱自己的工作，你才会不断有新的发现和突破。

三岛海云

（可尔比思公司创始人）

虽然东西卖不出去，
但这并不影响乳酸菌的魅力。

可尔比思公司创始人三岛海云，1878年出生于日本大阪府。

三岛原本是一名英语老师，他在25岁那年来到北京，先开了一家商行经销杂货，后来又帮人贩卖马匹，经常出入蒙古。辛亥革命爆发，三岛回到了日本，那一年他38岁。事业受挫、妻子住院，还有三个孩子需要抚养，三岛陷入了绝境。

在失意之中，二岛想到了在蒙古喝过的一种酸奶，于是就廾始做饮料卖，最初的产品取名为“醍醐味”。虽然大受好评，获得大量订单，但由于牛奶原料有限，产品供不应求。于是三岛又开始尝试开发新产品，比如在脱脂乳里加入乳酸菌，发酵制成“醍醐素”，可是这些产品都没能成功。产品卖不出去，公司也陷入了亏损。

但三岛没有灰心，他说：“虽然东西卖不出去，但这并不影响乳酸菌的魅力。”

功夫不负有心人，三岛在42岁那年终于率先在日本推出乳酸菌饮料“可尔比思”。据说这是三岛在“醍醐素”里加进砂糖的结果。后来他又向饮料中加入人体所需的钙类，“可尔比思”就这样诞生了。

三岛的人生充满了坎坷，然而正是他这种锲而不舍的精神使他走向成功。

宗次德二

（CoCo壹番屋创始人）

如果把逆境当作是负的出发，
那么今后的人生只能是越来越好。

1948年，宗次德二出生于日本石川县。他出生后不久就被送进了一家孤儿院，直到3岁时才被一对夫妇收养。但养父不务正业，喜欢赌博，因此宗次的童年时代极其贫寒。

高中毕业后，宗次进了一家房地产公司，并认识了后来成为他妻子的直美。婚后他辞去了工作，先是开了一家房地产中介公司，后来又和妻子一起开了一家饮食店。他很快发现咖喱饭卖得最好，于是就想开一家咖喱专卖店。1978年，宗次德二的第一家咖喱专卖店“CoCo壹番馆”正式开张。

CoCo壹番馆如今已经成为日本最大的咖喱连锁店。从孤儿到咖喱大王，宗次是怎样走出逆境的？他说：“如果把逆境当作是负的出发，那么今后的人生只能是越来越好。”学会“退一步想”，你才可能获得真正的勇气。

田中邦彦

（Kura寿司创始人）

正因为寿司行业封闭保守，

所以才大有商机。

Kura寿司创始人田中邦彦，1951年出生于日本冈山县。

田中邦彦从小就在父母经营的蔬菜食品日用杂货店里帮忙。

从桃山学院经济系毕业后，田中进入一家有名的醋厂工作。他一边工作一边寻找着创业的机会。因为工作关系，田中经常和寿司店打交道。他很快就发现了寿司行业存在许多不合理的地方。

比如郊区的寿司店，卖得最多的是外卖，但店家却把主要精力花在店内的现做现卖上。田中感到这是一个机会，于是他辞去了醋厂的工作，在大阪府堺市开了一家寿司外卖店，生意非常火爆。

可是他并不满足。为了更上一层楼，他想到了回转寿司。“一盘100日元，不添加化学调味料”，田中不仅在价格上做出大胆挑战，为了保证质量，他还导入了QR码自动管理系统，在传送带上回转的寿司一旦超过规定的时间就会自动被处理掉。

现在，Kura寿司已经成为日本最受欢迎的回转寿司连锁店。在谈到为何选择寿司行业时，田中邦彦说：“正因为寿司行业封闭保守，所以才大有商机。”面对不合理的体制，如果只是抱怨，往往会错过大好机会。

安德鲁·卡内基

（卡内基钢铁公司创始人）

对现状不满
未尝不是一件好事。

美国“钢铁大王”安德鲁·卡内基不仅是一位成功的企业家，还是一位令人尊敬的慈善家。他在钢铁制造业上取得了巨大的成功，成为世界首富，并且几乎把所有的财富都捐给了慈善事业。

卡内基28岁时通过投资钢铁产业获得了一笔相当于其年收入20倍的巨额资金。卡内基利用这笔资金创办了一家钢铁厂，并首次导入了“贝塞麦炼钢法”。1899年，卡内基钢铁公司的钢铁产量已经占到全美国钢铁总产量的25%，卡内基也因此成为名副其实的“钢铁大王”。

卡内基在后半生主要致力于慈善事业，除了创办卡内基梅隆大学、卡内基音乐厅，还在全世界设立了2811所图书馆。

卡内基在童年时代因父亲的纺织作坊破产，12岁就进了工厂劳动补贴家计，因此失去了上学的机会。因为有图书馆，他才有了学习的机会，他曾经说过：“图书馆就是我的大学。”

“对现状不满未尝不是一件好事”，这就是卡内基走向成功的动力。

中山素平

（日本兴业银行前董事长）

所有的问题都是
为了让人解决才出现的。

日本兴业银行前董事长中山素平，被誉为“财界的鞍马天狗”（鞍马天狗：大佛次郎小说中的忠义之士——译注）、“日本的指南针”。1906年，中山素平出生于日本东京，从东京商科大学毕业后，他进入了日本兴业银行就职。

中山从55岁起担任董事长，经历了一个又一个的艰难时期。

二战后，驻日盟军总司令部指示解散日本财阀，兴业银行面临生存危机，而正是靠中山的据理力争才使银行得以生存。此外，中山还成功处理了海运业再编、山一证券重建以及八幡制铁与富士制铁的合并等一批重大、棘手的事件。

在谈到如何挑选接班人时，中山的回答是：“争着当的人不要选。”同样，中山对于问题的看法也很独特：“所有的问题都是为了让人解决才会出现。”

不出问题当然好，但是出了问题也不要慌乱。问题是对我们的一种考验，在解决问题中自然会找到出路。

辻晴雄

（夏普公司前总裁）

成功才是成功之母。

夏普公司是世界上第一家成功研发液晶电视的企业。夏普公司第三任总裁辻晴雄，1932年出生于日本大阪市。

辻晴雄进入夏普工作时只是一名普通的职员。他先后在经理科、销售计划科工作，对基层非常了解。1986年，辻晴雄就任夏普总裁时，正值日元升值，作为夏普主力的商品出口受到严重打击。

为了缓解汇率冲击，辻晴雄从夏普液晶计算器上获得启发，决定利用液晶显像技术取代显像管开发新一代电视。两年后，夏普液晶电视上市，辻晴雄的构想成为现实。

在销售计划科工作时，辻晴雄由于没能准确预测市场对电视的需求，造成生产供不应求，曾被下属厂家责怪。从那以后，辻晴雄改变了工作方法。他经常深入市场，与市场人员及时沟通。

辻晴雄担任总裁后依然保持着这种作风。他成功的秘诀是：“成功才是成功之母。”一次成功会为你带来更多的成功。

松永安左卫门

（九州水利发电东部电力公司创始人）

同样一件事，
努力的人想着如何去解决，
消极的人则想着如何去逃避。

九州水利发电东部电力公司创始人松永安左卫门，1875年出生于日本长崎县壹崎岛。松永是家里的长子，父母都期待着他将来继承家业，但他却另有打算。为了实现自己的目标，从高等小学毕业后他只身来到了东京。

松永先是进了福泽谕吉创立的庆应义塾深造。学成后，他先后在日本银行、丸三商会就职。松永在27岁时与人合伙成立了福松商会，在煤炭生意上取得了成功，过上了花天酒地的奢华生活。但随后股价暴跌，松永一夜间变成了穷光蛋。就在这时，他家的房子又被一场大火烧光。松永经受不住打击，一连两年都闭门不出。松永在35岁那年开始投资电力，终于走出低谷。

1910年，松永创设九州电力公司，开始积极推行电力改革。他大刀阔斧、毫不留情，被人们称为“电力界的魔鬼”。“同样一件事，努力的人想着如何去解决，消极的人则想着如何去逃避”，这就是松永安左卫门对待困难的态度。

涩泽荣一

（涩泽财阀创始人）

不相信别人，
就别想让别人相信你。

涩泽财阀创始人涩泽荣一被誉为“日本近代资本主义之父”。他一生参与了不下500家企业的创设，其中包括第一国立银行、王子造纸、大阪纺织、东京瓦斯等知名企业。

但是，涩泽荣一的人生中出现过几乎无法挽回的危机。

涩泽24岁时受到表兄尾高淳忠的影响，倾心于“尊王攘夷”运动。他曾参与策划攻打高崎城的计划，如果成功，下一步的目标就是攻打横滨，赶走洋人，推翻德川幕府。幸亏攻打高崎的计划放了空炮，否则后果不堪设想。

后来涩泽放弃了“尊王攘夷”的思想，来到大户人家一桥家做事。在他27岁那年，他随末代将军德川庆喜之弟、后来的水户藩主德川昭武出席了巴黎万国博览会，为他在明治维新时走上实业家之路打下了基础。

“不相信别人，就别想让别人相信你”，年轻时经历了迷茫徘徊的涩泽荣一认为首先要相信别人。

第三章

发奋图强

托马斯·爱迪生

（爱迪生研究所所长）

这里没有什么规定，
只要埋头干就行。

天才发明家爱迪生，一生共有1300多项发明创造。他发明的电灯、留声机等极大改善了人们的生活。

1847年，爱迪生出生于美国俄亥俄州。爱迪生年轻时曾做过铁道公司及电信局的报务员。后来他成立了自己的研究所。

爱迪生把研究所开设在新泽西州的一个叫西橘园的小镇上。虽然这个地方非常偏僻，但还是有很多人慕名而来，希望能和这位著名的发明家一起工作。

可是爱迪生研究所的工作待遇非常苛刻。爱迪生平时总是和大家一样穿着皱巴巴的工作服，对每个人的工作也都很尊重，但只要他觉得哪一个人没有前途，就会立即将其解雇。雇员常常要加班加点干到很晚才能下班，他们的工资也完全取决于个人实力。

爱迪生讨厌制定条条框框，在他的研究所不存在什么规定守则。而当新来的人问起时，爱迪生就会大声回答道："这里没有什么规定，只要埋头干就行。"实际上这才是最高的要求。

盛田昭夫

（索尼公司创始人之一）

不要靠别人，
要想出成果首先自己得吃苦。

索尼公司创始人之一盛田昭夫，1921年出生于日本爱知县一个有350年历史的酿酒世家。父母期待他作为第15代传人能继承家业，可是盛田从小就喜欢摆弄机械，最终走上了搞技术这条路。

从大阪帝国大学理学部物理学科毕业后，盛田昭夫成为海军的一名技术中尉。他在海军的科学技术研究会上结识了井深大等人。1946年，他与井深大一起创立了东京通信工业公司，也就是索尼的前身。

收录机、半导体收音机、家用录像机……盛田与井深推出了一个又一个日本首创、世界首创的产品，使“日本制造”享誉全球。

在谈到产品开发时，盛田说：“不要靠别人，要想出成果首先自己得吃苦。”真正的技术要靠自己苦思冥想，别人谁也不会来教你。

霍华德·舒尔茨

（星巴克CEO）

如果你打算干什么，

首先应该去找一位曾经干过此事的人。

每个人一生中都会遇到一两次具有决定意义的时刻。霍华德·舒尔茨在28岁时就遇到了这样的时刻。

当时舒尔茨已经拥有一份报酬丰厚的工作。他在一家厨具用品公司的子公司担任副总裁并兼任美国市场经理，在事业上已经相当成功。后来他看上了一家咖啡零售店，就决定辞职。这家店就是星巴克咖啡店。

舒尔茨辞职后先成立了自己的公司。1987年，他终于攒够了足够的资金买下了星巴克，并在短短不到十年的时间里，把星巴克从只有6家店铺的小店发展成拥有1300家店铺、雇员超过2.5万人的跨国公司。

如果你打算创业，首先应该做什么？舒尔茨给你的建议是："如果你打算干什么，首先应该去找一位曾经干过此事的人。"先学一学别人的经验，再做自己的事也不迟。

藤原银次郎

（王子造纸公司前总裁）

用起来方便的人，
也会很快用不上。

日本的“造纸大王”藤原银次郎，1869年出生于日本长野县。藤原16岁时只身来到东京，进入了福泽谕吉创办的庆应义塾。从庆应义塾毕业后，他成为《松江日报》的一名记者。后报社经营不善，他跳槽到三井银行，后来又到富冈制丝厂担任厂长。他通过采取计件工资制等一系列措施，极大地提高了工人的劳动积极性，取得了出色的成绩。

因此，藤原被委任负责王子造纸公司的重建工作，这一年他42岁。到任后他不惜以房产做抵押带头购买公司股份，又招收了一批优秀员工，通过转移生产重心，把一个长期亏损的企业重新带上了发展轨道。1920年，藤原就任王子造纸总裁。在他的领导下，王子造纸迅速发展成为日本最大的造纸企业，产量占整个行业的九成。

晚年，他投身教育事业，积极办学，曾捐款创办藤原工业大学。他认为：“用起来方便的人，也会很快用不上。”要想成为人才，首先要做一个有专长的人。

格拉汉姆·贝尔

（美国电话电报公司创始人）

专注你眼前的工作。
阳光再强，
不聚到一点上也不会燃烧。

格拉汉姆·贝尔因发明电话而闻名于世。用于计量声强、电压相对大小的“分贝”就源于贝尔的名字。

1877年，也就是贝尔发明电话的第二年，贝尔电话公司成立，这是美国电话电报公司（AT&T）的前身。后来贝尔请来了西奥多·牛顿·维尔担任总监，开始在美国各地建设庞大的电话网，使电话迅速普及。

贝尔的发明极大地改变了人们的生活，他之所以能够完成如此伟业，是因为他比任何人都懂得生命的可贵。贝尔在24岁那年身患大病，医生告诉他只有半年的生命。“专注你眼前的工作。阳光再强，不聚到一点上也不会燃烧。”贝尔用这句话告诉我们，人生的每一个瞬间都值得珍惜。

服部金太郎

（精工控股株式会社创始人）

不怕慢，
就怕站。

精工控股株式会社（SEIKO）创始人服部金太郎1860年出生于日本东京。

服部12岁时在一家日用杂货批发店里当学徒。他喜欢上了附近的一家修表铺，逐渐产生了开修表铺的想法。服部14岁时进入一家表店学习修表技术，在他21岁那年终于有了自己的修表铺——服部钟表店。

虽然钟表店刚刚开业两年就被一场大火烧毁，但这对服部来说也是一个机会。他放弃了修表业，开始转向经销日产钟表以及各种进口表。由于品种丰富，服部的表店很快就兴旺起来。

1892年，服部金太郎创立了精工，开始制造钟表。他非常重视培养熟练的技术工人，在工厂内专门开设了寄宿制技工学校。经过不懈努力，精工成功研制出日本最早的国产手表，并很快从一个小厂发展成占日本国内市场70%的大企业。

1923年，关东发生大地震，工厂再次被烧毁，服部一度想到了破产。可是在大家的共同努力下，几个月后工厂就恢复了生产，第二年又推出了新产品“精工9型手表”，迅速实现了灾后复兴。

服部金太郎把毕生的精力都献给了钟表制造业，在钟表制造上他一贯坚持专业化。“不怕慢，就怕站。”只要不放弃努力，就一定能达到目标。

出光佐三

（出光兴产株式会社创始人）

所谓独立不羁说到底就是以人为本，
尊重自己，
也要尊重他人。

出光兴产创始人出光佐三，1885年出生于日本福冈县。他的一生充满了曲折。

出光自幼体弱多病，因为视力很弱，连读书都很吃力。但是他生性好学，不仅以优异的成绩从福冈商业学校毕业，而且还考入神户大学的前身——神户商业学校深造。在这里他遇到自己的恩师，第一次受到了人本主义的影响。

从神户商校毕业后，出光进入一家只有四五个人的商店就职。作为名牌大学的毕业生，这在当时几乎找不到第二个人。出光25岁那年在福冈县门司市成立了出光商会。由于经销船舶燃料获得成功，出光佐三迈出了成为“日本石油大王”的第一步。

出光佐三把独立不羁当作自己的座右铭，并经常向员工们传播这种自治精神。他说：“所谓独立不羁说到底就是以人为本，尊重自己，也要尊重他人。”在经济下滑、人际关系紧张的今天，这句话显得尤其重要。

大山泰弘

（日本理化学工业株式会社会长）

失败从一周一次变成两周一次，
这就是进步。
五年后就可以做到不失败。

日本理化学工业株式会社会长大山泰弘，1932年出生于日本东京。

大山年轻时一直梦想成为一名教师或者律师，但因为经营粉笔厂的父亲突然病倒，他不得不回到家里帮助父亲经营粉笔厂。三年后的一天，一所智障儿童养护学校的老师找到工厂，希望工厂能雇用几名毕业生。正是这件事改变了大山的命运。

刚开始他只接收了两个人，并且要试用两周。这两个孩子虽然在智力上不如正常人，但对工作一丝不苟。两周后大山就正式录用了他们。从那以后，公司每年都在不断增加残障者的雇用比例。现在，智力残障者雇员人数已经占到全体员工总数的70%以上。

对于有智障的员工，大山总是想出各种方法耐心指导。比如智障者对文字和数字的认知不如常人，大山就在工具上印上不同的颜色帮助他们区分。“失败从一周一次变成两周一次，这就是进步。五年后就可以做到不失败。”

每一个细小的进步都要及时给予鼓励，经过精心培育才会绽放出美丽的花朵。今天，日本理化学工业生产的粉笔已经占有日本粉笔市场30%以上的份额。

赫伯·凯勒尔

（美国西南航空公司创始人）

当所有的人都因为爱
而不是恐惧团结在一起时，
公司才会强大。

“航空公司周到的服务虽然使人感到舒适，但羊毛出在羊身上，结果是大家都得多掏钱。与其这样，能不能砍掉那些多余的服务，降低成本，为顾客提供经济廉价的机票。”

抱着这样的想法，赫伯·凯勒尔辞去了十六年的律师工作，开始着手筹建航空公司。1971年，美国西南航空公司正式成立。

凯勒尔采取了一系列大胆的改革。在西南航空公司的航班上没有机内用餐，也没有指定的座位，乘客先上先坐。这些虽然不免使人感到简陋，却大大降低了运营成本，保证了便宜的票价。

但西南航空追求的不只是便宜实惠，它在服务上也极富个性。幽默的凯勒尔经常发动大家动脑筋，在飞机上举行一些别出心裁的活动，比如机组人员与乘客一起唱歌或者装扮成小丑与乘客互动等，因此简陋的机舱内总是充满着轻松愉快的气氛。

实际上感到轻松愉快的不只是乘客。每一个职员也都为自己的工作感到愉悦。因此西南航空公司的乘客数不断增加，职员的离职率也越来越低。

“当所有的人都因为爱而不是恐惧团结在一起时，公司才会强大”，这就是凯勒尔成功的秘诀。他还说：“我不喜欢死气沉沉，轻松活泼的气氛才能干出好工作。”凯勒尔最大的改革就是改变了“努力”的含义。

岛村恒骏

（饰梦乐创始人）

把目标定在60分，
让大家争取80分。

日本知名时装品牌饰梦乐，近年来因价廉物美而受到消费者的好评。在女孩子们中间甚至出现了一批“全身都穿饰梦乐”的追捧者。

饰梦乐创始人岛村恒骏，1926年出生于日本琦玉县。二战后他顺应发展潮流，把父母经营的岛村和服店改组成股份公司。他先在琦玉县开了3家分店，然后逐步向县外发展。到2000年，饰梦乐的店铺遍布了日本全国47个都道府县。

岛村一贯重视员工培训，即使在经营比较困难的时候他也毫不吝啬，经常拿出经费派人参加经营讲座等活动。对于如何调动员工的积极性，岛村说：“把目标定在60分，让大家争取80分。”有时一味提高目标只能适得其反。真正的积极性往往来自于达成目标后的满足感。

西奥多·牛顿·维尔

（美国电话电报公司前总裁）

年轻时不要怕给别人做事情，
上了年纪后最好不要去插手别人的事情。

美国电话电报公司（AT&T）前总裁西奥多·牛顿·维尔，1845年出生于美国俄亥俄州卡洛尔县。

维尔先是在铁道部门当报务员，后来又在铁道邮政运输部门工作。他发现铁道邮政运输缺乏管理，效率极差。为了提高运输效率，他编写了一部列车运行调度规则，从而彻底改变了铁道邮政的混乱局面。因为这件事，维尔被美国联邦政府任命为邮政监督官调往华盛顿，负责全美邮政业务的改革工作。

后来，为了在全美普及电话技术，维尔来到了刚刚成立不久的贝尔公司担任总监。在担任总监期间，他成功收购了一家大型电话设备制造商，组建了AT&T公司，为建设全国规模的电话网打下了基础。

“年轻时不要怕给别人做事情，上了年纪后最好不要去插手别人的事情。”维尔70岁以后还在为开创新事业四处奔波。机会无处不在，即使是给别人做事，也一定能从中找到适合自己干的事。

樋口广太郎

（朝日啤酒公司前董事长）

有什么烦恼吗？
拣重要的先说！

朝日啤酒公司前董事长樋口广太郎，1926年出生于日本京都府。从京都大学经济系毕业后，樋口进入住友银行工作。1982年，他成为住友银行有史以来最年轻的副行长。为了帮助陷入倒闭危机的朝日啤酒公司实现重建，1986年，樋口来到了朝日啤酒公司担任总裁。

樋口就任总裁的第二年，就在啤酒口味上做出了大胆的尝试，推出了口感超爽、辛辣的“舒波乐啤酒”（Super Dry）。这一创意立刻引起了巨大反响，取得了意想不到的成功。

此外，他还实施了一系列打破常规的大胆改革，其中包括在原料采购上不惜成本，出厂超过三个月的啤酒一律回收处理等措施。

樋口在公司碰到员工总要问：“有什么烦恼吗？”对方如果回答说“没有”，他就会故作生气地说：“那你肯定没有好好工作！”如果真的说开了，樋口又会嗔怒道：“拣重要的先说！”要想解决问题，首先要确定事情的轻重缓急，这就是樋口广太郎的成功秘诀。

三泽千代治

（三泽房建公司创始人）

到退休还有40年，

还可以拿到十个以上的学士学位。

三泽房建公司创始人三泽千代治，1938年出生于日本新泻县。

三泽毕业于日本大学理工学部建筑学科。他大学四年级时因病住院，错过了就业的机会。毕业后他回到自己家的木材店，一边跟着父亲学习木材知识，一边研究开发建筑胶合板。

1967年，也就是他大学毕业七年后，30岁的三泽千代治创办了三泽房建公司。1971年，三泽房建在东京证券交易所二部上市，成为当时日本最大的住宅建筑公司。34岁的三泽也成为当时最年轻的上市公司总裁。如果不是那场大病，三泽也许不会走上这样一条成功之路。

2004年3月，三泽又创立了三泽国际。“到退休还有40年，还可以拿到十个以上的学士学位。”学无止境，只要有决心，人生就无所谓早晚。

伊藤雅俊

（伊藤洋华堂集团创始人）

能成为企业核心的，
肯定是那种敢提意见的人。

伊藤洋华堂集团创始人伊藤雅俊，1947年出生于日本东京。

从横滨市立商业学校毕业后，伊藤就回到家里，在母亲和长兄经营的洋华堂服装杂货店里工作。长兄病逝后，伊藤就任总经理挑起了大梁。为了扩大经营，实现连锁化，1958年伊藤把洋华堂改组为股份公司，7年后又把公司名称改为现在的伊藤洋华堂。

1974年，伊藤在东京都江东区开了一家便利店，这就是日本的第一家便利店7-Eleven一号店。虽然今天没有便利店的生活已经很难想象，但在创办初期，7-Eleven被认为不合日本风土，完全不被看好。

伊藤雅俊曾说："好好先生实际上就是那种只顾自己的人，这样的人既干不成大事，也成不了核心。能影响周围、能对工作起到积极作用的还是那种敢提意见的人。""能成为企业核心的，肯定是那种敢提意见的人。"

有想法的人才会提意见，有责任心的人才愿意提意见。能不能倾听批评意见，最能体现一个领导的器量。

小仓昌男

（大和运输公司前总裁）

为什么不让自己变成一只鸟，
从高处俯瞰一下呢？

大和运输公司前总裁小仓昌男，1924年出生于日本东京都。

其父小仓康臣30岁时创立了大和运输。因为长子早亡，所以由次子小仓昌男接班，成为第二任总裁。后来小仓的功绩超过了父亲。

1971年小仓昌男就任总裁，两年后便爆发了石油危机，公司经营陷入困境。为了走出困境，小仓决定改变只接受大宗货物的做法，在日本开展了第一个面向个人的小宗货物快递业务——宅急便。

小仓的想法立刻遭到周围人的反对。不仅手下的干部，就连身为公司创始人的父亲也表示反对。按照当时的成见，零散货物费时费力得不偿失，所以大多数人都认为，如果挨家挨户去取货，再挨家挨户去送货，最后肯定亏损。

但是小仓坚持自己的主张。1976年1月，宅急便服务正式启动了。据说第一天在日本全国只收到11件快递，可以想象当时小仓肯定是捏了一把冷汗。但很快宅急便这一方便快捷的服务就被越来越多的人所接受，今天它在人们的生活中已经不可或缺。

“为什么不让自己变成一只鸟，从高处俯瞰一下呢？”小仓用这句话告诉我们，人如果总是在一个地方，视野就会变得越来越狭隘。要想打破常规，就必须开阔视野。站得高才能看得远。

英格瓦·坎普拉德

（宜家公司创始人）

任何时候

都要站在普通人一边。

“瑞典头号吝啬鬼”，宜家公司创始人英格瓦·坎普拉德这样评价自己。

坎普拉德从5岁就开始做生意了。那时候他经常骑着自行车向附近的邻居推销火柴。坎普拉德17岁那年在父亲的赞助下开了一家公司。他给这家公司取名为宜家，主要经销钢笔、铅笔、手表、相框等文具杂货。1948年，坎普拉德开始经营家具。

坎普拉德导入了可拆装家具，实现了平板包装，大大降低了运送成本。由于物美价廉，宜家的家具很快就成为一般家庭的最佳选择。

虽然坎普拉德已经是亿万富翁，但他仍然过着简朴的生活。乘飞机只坐经济舱，吃饭也只在便宜的餐馆。和普通人一样，他经常在附近的市场购物，并且从不忘记讨价还价。

“吝啬鬼”坎普拉德在谈到自己的经营理念时这样说：“关键是如何把握大众的需要，我们又应该如何去满足。我的回答就是：任何时候都要站在普通人一边。理由很简单，因为我自己就是一个普通人。”

青井忠雄

（丸井集团前总裁）

人总会有失败的时候，
但一定不要败给自己。

日本著名百货店丸井集团前总裁青井忠雄是第一个在日本发行信用卡的人。他把“赊账购物”一词改为“信用卡购物”，并使这种购物方式渗透到人们的生活中。

忠雄的父亲忠治是丸井的创始人，忠雄是第二任总裁。为了超越父亲，彻底改变企业面貌，忠雄在经营上不断创新，积极吸引年轻客户，公司获得了迅速发展。

不过青井忠雄也有过失败。为了追求新颖，他引进的美国超市经营模式惨遭失败，给公司造成了巨大的亏损。青井忠雄也为此患上了忧郁症，一年多都闭门不出。

经过苦思冥想，青井得出的结论是：重新回到父亲创业的原点。青井39岁时就任总裁，从1972年到2005年，在他掌门的33年时间里，丸井公司的业绩增长了10倍。

“人总会有失败的时候，但一定不要败给自己”，这是青井在母校东京都立新宿高中成立60周年纪念演讲会上的发言。此后他又说：“不管你们遇到什么样的困难，首先要战胜自己，否则就只有失败。”

长谷川常雄

（Q’Sai公司创始人）

如果在工作上你总是教训某一个下属，
说明你有问题。

在日本提起老字号健康食品Q'sai，大家都会想起有名的“难喝！再来一杯”的广告。

1965年，Q'sai的创始人长谷川常雄在福冈县开了一家糖果制造厂。后来因为给著名食品制造商日冷公司加工冷冻食品，工厂规模迅速扩大。

Q'sai转向开发、销售健康食品是因为长谷川的一场大病。为了早日恢复健康，长谷川每天都喝一杯自制的羽衣甘蓝菜汁，没想到身体很快就好了起来。于是他想：一定要让人们都能喝上这种健康菜汁。无添加、纯国产的Q'sai绿菜汁就这样诞生了。

退居二线后，为了把自己的经营之道传授给年轻一代，长谷川常雄设立了“长谷川塾”，并亲自担任塾长。他经常教导后辈经营者说：“如果在工作上你总是教训某一个下属，说明你有问题。”他相信如果每个人都做自己得心应手的工作，自然就不会常常出错。

田边茂一

（纪伊国屋书店创始人）

找一条自己的路，
用自己的脚去走。

日本大型连锁书店纪伊国屋书店创始人田边茂一，1905年出生于日本东京新宿，是木炭批发商纪伊国屋的长子。田边毕业于庆应义塾高等部（高中），21岁时创办了纪伊国屋书店。

在经历了战火等考验之后，最初只不过是开在木炭店旁边的这间不起眼儿的小书店，迅速发展成为日本最具代表性的大型书店。1964年，纪伊国屋书店在新宿开业。五年后，大阪梅田本店正式开业，是日本当时卖场面积最大的书店。宽敞宜人的店内设计成为轰动一时的话题。

今天，大型书店在人们生活中已不可或缺。关于创业，田边茂一是这样说的："找一条自己的路，用自己的脚去走。"要想成功就不能跟在别人后面走，要找一条谁也没有走过的路，然后不懈地去努力。

第四章

抓住机遇

丰田佐吉

（丰田汽车创始人丰田喜一郎的父亲）

那是一座巨大的宝库，
正在等待我们去打开它。

对事业的执着往往会把人引向一个无人到达的境地。世界织机大王丰田佐吉就是这样一个执着的人。他把毕生的精力都献给了自动织机的发明事业，他的故事被编入日本战前的教科书里。

丰田的父亲是一位木匠。受父亲的影响，他从小就喜欢自己动手搞发明。后来丰田进了名古屋的一家纺织工厂当工人，23岁时发明了木制人力织机。丰田对自己的发明并不满足。为了减轻工人负担，提高产品质量，他决心开发高效率的自动织机。

1911年丰田赴欧洲视察，回国后创办了丰田自动织布工厂。1924年，丰田佐吉终于发明了世界上第一台全自动换梭织机——G型无停止换梭式丰田自动织机。从最初的人力织机的诞生算起，整整经历了34年。其发明不仅获得多项专利，还在世界各国得到广泛应用。

“那是一座巨大的宝库，正在等待我们去打开它”，这就是丰田佐吉的力量源泉。

哈兰·山德士

（肯德基创始人）

拼命为他人服务的人，
必然是获利最多的人。

肯德基门口的白胡子老头形象就是肯德基创始人哈兰·山德士。

1890年，山德士出生于美国印第安纳州。他年轻时做过无数种的工作，比如曾经在农场打过工，在铁路当过列车员，干过律师、秘书、保险公司推销员，甚至还卖过马灯、轮胎等。不要以为他阅历丰富，实际上他每到一处都很快跟人闹翻，没有一个工作能干长久。

山德士30岁时下决心开了一家加油站，终于找到了能发挥自己才能的地方。

山德士的服务热情周到，他不仅为前来加油的顾客免费打扫车内，检查轮胎，还专门为长途车司机提供住宿，生意做得红红火火。后来他发现路过的人都需要用餐，就开始为大家烹制炸鸡。这就是肯德基的事业起点。

后来山德士又经历了很多磨难，他的店铺曾被大火烧毁过，也曾因修路被迫关门，但是不论什么样的困难都没有让他放弃努力，“拼命为他人服务的人，必然是获利最多的人”。因为他相信只要努力为顾客服务，就一定会有好的结果。而山德士真正下决心要在全美国推广他的炸鸡把事业做大时，已经65岁了。

小林一三

（阪急集团创始人）

谁都有自己的梦想。
不管它是一粒多么小的种子，
我都希望能看到它发芽、开花直到结果。

每个公司都会有那么一两个有问题的人，放到哪儿都派不上用场。阪急集团创始人小林一三就是这样的人。

小林从小就梦想成为一名作家。大学毕业后，他找了几家报社都没能被录用。最后实在不行了，他才进入一家完全不感兴趣的银行就职。他因此比别人晚了三个月上班。

他在银行与周围人格格不入，屡次被调动。小林在34岁那年，为了参加一家铁道公司的筹建工作，终于下决心离开了银行。

刚开始，为了筹集资金，小林不惜拿出了自己的退职金，而且还发动亲朋好友四处借钱。由于这是一家后起的铁道公司，因此线路只能铺设在地广人稀的乡间。为了增加铁道沿线的人口，吸引更多的乘客，小林首先想到了在沿线开发住宅区，然后以分期付款的方式进行销售。此后又在沿线相继兴建了动物园、温泉和宝冢歌剧团等娱乐场所，极大地提高了铁道的利用率。

“谁都有自己的梦想。不管它是一粒多么小的种子，我都希望能看到它发芽、开花直到结果。”这就是小林从逆境中奋起的原动力。后来小林还为他创办的宝冢歌剧团撰写剧本，顺便实现了自己的作家梦。

约翰·洛克菲勒

（美国标准石油公司创始人）

决定组织命运的既不是机器，
也不是厂房，
而是人。

“美国石油大王”约翰·洛克菲勒，1839年出生于美国纽约州里奇福德镇的一个农民家庭。

洛克菲勒从16岁起就在一家公司给人打杂，从19岁开始做生意。他办了一家经营农产品的公司，获得了不小的成功。

洛克菲勒很快发现石油作为一种新型燃料将大有前途，于是就立即投资办炼油厂，开始向石油业发展。

洛克菲勒通过不断兼并，成立了标准石油公司，并在美国全境铺设输油管，很快就垄断了全美90%的炼油产业。洛克菲勒在事业巅峰期的财富高达9亿美元，成为名副其实的“石油大王”。但他依然保持着勤俭的美德，晚年则把全部精力都倾注于慈善事业。

“决定组织命运的既不是机器，也不是厂房，而是人”，这就是洛克菲勒的经营秘诀。再好的设备也离不开人，经营的成败最终取决于人。

吉本势

（吉本兴业株式会社创始人）

既然你这么诚心，
那我只好让步了。

日本最大的演艺经纪公司吉本兴业，在喜剧领域独树一帜。其创始人为吉本势，1889年出生于日本兵库县明石市。

1912年，吉本势和丈夫吉本吉兵卫开始经营剧院。吉兵卫本来经营了一家杂货店，可他整天沉迷于游乐、看戏，无暇顾及生意，最后杂货店关门大吉。对于这样的丈夫，要是别人早就瞧不起他了，但吉本势不那么想。她觉得既然丈夫喜欢演艺，那就干脆让他在这方面做点什么。于是她和丈夫买下了一个小剧院，第二年又成立了吉本兴业公司。

丈夫去世后，吉本势继续以知名策划人的身份活跃在大阪演艺界，培养出以桂春团治、圆辰·阿茶子为代表的一大批相声演员。

有一次，广播电台的人找到吉本势，希望广播圆辰·阿茶子的著名相声段子《早庆战》。吉本认为如果拿相声去广播，来剧场的观众就会减少，所以她表示反对。而对方也毫不相让，软缠硬磨直到吉本答应为止。结果相声在电台一经播出就引起了轰动，剧场的观众也因此大增。

“既然你这么诚心，那我只好让步了。”实际上吉本心里很明白，把相声搬上广播只会给剧场带来更多的观众，但为了掌握主导权，她就故意摆出不同意的姿态来为难对方。一个好的开端往往影响到最后的结果。

小池和夫

（湖池屋创始人）

世上还有
比这更好吃的东西吗！

湖池屋是一家以生产薯条、薯片为主的食品厂。其创始人小池和夫，1927年出生于日本长野县诹访市。

诹访市以诹访湖而闻名。小池希望自己的公司将来也能像诹访湖那样有名，所以就把自己的公司取名叫“湖池屋”。

1954年，小池在东京经营了一家专门生产小食品的工厂。有一天他在一家小餐馆里第一次吃到了炸薯片，刚一入口小池就不由地喊出声来：“世上还有比这更好吃的东西吗！”

当时作为高级食品的炸薯片还很稀罕，小池就想一定要把它做成小吃，让大家都能吃上。于是他开始着手研究炸薯片。为了找到适合日本人口味的土豆，小池买来大量的土豆一次又一次地进行试验。而为了摸索到最佳油温和时间，他又花费了大量的心血。

但是无论多么苦，小池都没有动摇信念。功夫不负有心人，他在1962年终于精心研制出“湖池屋海苔淡盐味炸薯片”，这种合乎日本人口味的炸薯片很快就成为深受人们喜爱的休闲食品。

江崎利一

（格力高集团创始人）

可以伤脑筋，
但不要去伤心。

格力高集团创始人江崎利一，1882年出生于日本佐贺县。那句著名的“一颗奶糖两种享受”就是出自江崎之手。

江崎19岁时因父亲病逝，不得不继承家业开始做药材生意。江崎在33岁那年开始经销葡萄酒并获得成功。两年后，葡萄酒的销量就在九州地区名列前茅。但对江崎来说这仅仅是一个开始。

江崎40岁时因开发出营养奶糖“Glico”再次获得巨大成功。江崎开发“Glico”要从1919年说起，他偶然发现牡蛎煮出来的浓汤里含有糖原，而恰巧他的孩子那时生了一场大病，江崎就每天给孩子喝牡蛎营养汤，结果孩子很快就好了。于是江崎就产生了开发营养奶糖的想法。

“可以伤脑筋，但不要去伤心。”江崎用这句话告诉我们，不论身处什么样的逆境，都要乐观地向前看，不要对过去的失败念念不忘。而本文开头的那句“一颗奶糖两种享受”就是江崎在73岁时为格力高杏仁夹心巧克力想出的经典广告语。

马克·麦考马克

（IMG国际管理顾问公司创始人）

我觉得我可能会
做出一件前所未有的事。

体育经纪公司在今天已经司空见惯，马克·麦考马克无疑是开拓这一领域的关键人物。

麦考马克与职业高尔夫选手阿诺·帕尔默是好朋友，他看到帕尔默常常被一些杂事困扰，就提出愿意做帕尔默的全权代理帮助他打理生意。与现在不同，当时高尔夫选手还完全没有赞助商，麦考马克预感到自己可能会做出一件前所未有的事。

麦考马克本人自幼热爱高尔夫，他以高尔夫为突破口创建了世界首家体育经纪公司——IMG国际管理顾问公司，在各种竞技领域为选手提供体育经纪服务。

为什么麦考马克对高尔夫运动情有独钟？据说是因为他小时候曾遭遇车祸负伤，既不能打棒球，也不能玩橄榄球，只能打高尔夫。“我觉得我可能会做出一件前所未有的事。”他真是因祸得福。

井深大

（索尼公司创始人之一）

遇事首先要把自己摆在
一个中小企业经营者的位置上。

索尼公司创始人之一井深大，1908年出生于日本栃木县。

小学毕业后，井深大以优异的成绩考入了一所重点中学。可是入学后他就迷上了网球和无线电，致使学习成绩一落千丈，最后连升级都很困难。不过坏事变好事，井深大爱上了搞发明。在早稻田大学理工学部上学期间，他发明了移动霓虹灯，并且获得了巴黎万国博览会优秀发明奖。

井深大大学毕业时满怀信心地以为自己能进入东芝公司就职。面试时他跟面试官说自己有专利，还有很多设想。可是没想到对方根本没当一回事，反而好心地劝他说："不要以为进了公司就能做自己想做的事。"结果井深大没有通过面试。但塞翁失马焉知非福，如果没有这次失败，井深大就不会和盛田和夫一起创办东京通信工业，也就不会有后来的索尼公司。

"遇事首先要把自己摆在一个中小企业经营者的位置上"，这是井深大经常对部下说的一句话。在大企业中，人往往会产生依赖心理，但如果把自己放到一个有责任的位置上，自然就会做出不同的判断。

大仓喜八郎

（大仓财阀创始人）

不知道把今天的经验
用于明天的人成不了大事。

大仓财阀创始人大仓喜八郎，1837年出生于日本新泻县。

大仓17岁时就来到江户学做生意，后来靠经营干货谋生。30岁那年他在横滨港参观外国商船，从而对做军火生意产生了兴趣，开办了大仓屋枪炮店。

刚开始由于生意萧条，大仓不得不一边做换钱生意，一边经营枪炮店。不久戊辰战争（1868年）爆发，官军和幕府军都来他的枪炮店采购军火。大仓很快就获得了巨额利润。

人一旦尝到了成功的甜头，往往容易被成功束缚手脚而停滞不前，但大仓在这方面与众不同。明治维新后，他退出枪炮生意，自费赴欧洲考察学习。回国后，36岁的他在东京银座创办了日本第一家贸易公司。后来他又把事业扩大到土木建筑等多个领域，为大仓财阀的创立打下了基础。

“不知道把今天的经验用于明天的人成不了大事。”通过不断挑战获得巨大成功的大仓喜八郎用自己的经验告诉我们，失败并不可怕，最先失败的人有可能最先抓住机会。

五岛庆太

（东急集团创始人）

我这个人就喜欢
当天的事情当天忘。

东急集团创始人五岛庆太，1882年出生于日本长野县。

五岛一生中曾经遭遇几次重大转折。第一次是在他25岁那年。为了将来能在政府机关就职，五岛放弃了英语教师的工作，考入了东京帝国大学法学部。毕业后他如愿以偿地成为农商务部的一名官员，后来又在铁道院任职。

第二次是在他38岁那年。五岛辞去了公务员的工作，开始投身于铁道事业。他先是在武藏野铁道公司担任副总裁，后来又参加了目黑蒲田铁道公司的筹建工作。

目黑蒲田铁道公司成立后，五岛通过兼并池上电铁、玉川电铁、京滨电铁等东京近郊的私营铁路公司，不仅把整个东京西南部的私营铁路全部纳入旗下，而且还涉足公交客运、百货店、电影院等多种行业，使一个后起的铁道公司迅速成长为一个经营规模庞大的东急集团。

“我这个人就喜欢当天的事情当天忘。”因为强势经营而被人们称为“强盗庆太”的五岛庆太之所以能够在人生的关键时刻做出大胆的选择，这句话就是最好的回答。

今野由梨

（Dial service创始人）

我的理想就是要建设一个以人为主体的社会，
它既不是国家的也不是企业的，
而是我们生活者自己的。

Dial service创始人今野由梨，1936年出生于日本三重县。作为日本女性企业家的先驱，她奠定了电话咨询业务“DialQ2”的基础。

今野毕业于津田塾大学。由于当时日本社会对雇用女性持消极态度，今野在求职时四处碰壁，只能做一些简单的临时工作。为了寻找出路，她只身来到美国。她在美国第一次了解到电话咨询服务，由此产生了创业的想法。

回到日本后，今野一边打工一边积累创业资金，终于在1969年创办了日本第一家电话咨询服务公司“Dial service”。最初的“育儿咨询热线”刚一开通，马上就有无数的咨询电话打来，一时间应接不暇。

现在，Dial service的服务内容已经扩大到包括食品安全、税金问题、女性权益在内的各个方面。“我的理想就是要建设一个以人为主体的社会，它既不是国家的也不是企业的，而是我们生活者自己的。”正如这句话所说的那样，今野以女性的独特视角和感性认识成功开辟了一个新领域。

立石一真

（欧姆龙公司创始人）

把社会需求市场化。

欧姆龙公司创始人立石一真，1900年出生于日本熊本县。

从熊本高等工业学校毕业后，立石进入一家电机工厂就职。在他30岁那年，工厂由于遭遇经济危机开始裁员，他就主动辞职离开了。

辞职回家后，立石就自己设计开发家用电熨斗、磨刀砂轮等产品，然后骑着车子四处兜售。虽然辛苦，但日子也还勉强过得下去。就在这时，有一个同学找到他，请他帮忙制作一个拍摄X光片用的定时器。立石一口应下，马上动手制作，很快就拿出了样品。没想到立石因此拿到了大宗订单。辞职三年后，立石在他33岁那年创办了立石电机公司，这就是欧姆龙的前身。

1960年，立石电机成功开发出世界上第一个无触点开关。ATM、自动检票机、无人车站管制机等机械设备的诞生也都与立石电机的技术息息相关。

立石通过不断革新技术极大地改变了人们的生活。他常说的一句话就是："把社会需求市场化。"社会需要什么就去开发什么，这就是立石成功的秘诀。

高原庆一朗

（尤妮佳株式会社创始人）

那些毫无理由的
老观念该改一改了。

尤妮佳株式会社创始人高原庆一朗，1931年出生于日本爱媛县。高原从大阪市立大学商学部毕业后进入关西纸业工作。他29岁时创办了大成化工公司（尤妮佳的前身），开始制造和销售建材纸板。

公司创办两年后，高原迎来了转机。一次到美国考察时，高原发现一般商店里都有女性护理用品，他深感日本还很落后。回国后，高原不顾周围人的反对，开始转向生产女性护理用品并大获成功。

起初尤妮佳只是开发女性用品，后来又将对象扩大到幼儿和老人。今天的尤妮佳已经成为生产女性护理用品、儿童纸尿裤以及老人纸尿裤的最大厂家。

刚开始公司不少人对生产女性护理用品有看法，有人闹情绪，也有人辞职不干，但是高原庆一朗没有动摇，他呼吁大家："那些毫无理由的老观念该改一改了。"

如果只是为了赚钱，任何工作都会变得索然无味，为社会做贡献的责任感会帮助你开拓新的事业。

约翰·沃纳梅克

（美国第一家百货商店沃纳梅克百货商店创始人）

千载难逢的机会谁都会遇上，
关键在于你如何利用它。

被誉为“美国百货店之父”的约翰·沃纳梅克1838年出生于美国费城，他是美国第一个开百货店的人。

沃纳梅克小时候因为家境贫寒而上不起学。他的父亲是个制砖工人，沃纳梅克从小就给父亲帮忙，后来又在律师事务所、印刷厂打工补贴家计。

一次，沃纳梅克来到一家商店，用自己的零钱为母亲买了一件圣诞礼物。可是付过钱后，他发现有一件更合适的礼物，就提出退换，可是店主对他说付过钱的东西是不能退的。这件事让沃纳梅克非常失望，他想将来如果自己开店，一定要让顾客能随便退换商品。

沃纳梅克23岁时与妻子的哥哥合伙开了一家服装店。沃纳梅克在这家店里引入商品退换和明码标价制度，从而使经营获得了成功。今天，商品退换和明码标价已经成为必不可少的商业文化，但在当时还是首创。这不仅来自沃纳梅克的经营才能，还来自他“一切为了顾客”的经营理念。

“千载难逢的机会谁都会遇上，关键在于你如何利用它。”沃纳梅克正是因为充分利用了机遇，才在事业上取得了巨大成功。

藤田田

（日本麦当劳株式会社创始人）

把业绩不振归咎于社会或政治，
只能说明自己的无能和无知。

日本麦当劳创始人藤田田，1926年出生于日本大阪市。

藤田在上大学时就立志从商。当时，藤田正在东京大学法学部读书，他一边上学一边给驻日盟军做翻译，并逐渐对做生意产生了兴趣。大学三年级的时候，他开了一家商店，经营高尔夫用品和进口名牌商品。

藤田很快发现快餐业具有发展潜力，于是就决定与美国麦当劳公司合作在日本开拓快餐业。1971年，日本第一家麦当劳汉堡包店在东京银座正式开张，日本麦当劳迈出了第一步。

麦当劳银座店开张后，汉堡包风靡日本。藤田再接再厉，继续把事业扩大到全日本。他仅用了十年时间就把麦当劳建设成日本外食行业的主力企业。

“把业绩不振的原因归咎于社会或政治，只能说明自己的无能和无知”，这就是藤田田的经营哲学。即使在消费低迷的不利条件下，藤田也没有怨天尤人，而是积极改变经营策略，如推出实惠套餐、平日商品半价等，实现了销售的持续增长。

岩堀喜之助

（Magazine House公司创始人）

只要带着好奇心，
你就一定会发现乐趣。

Magazine House公司创始人岩堀喜之助，1910年出生于日本神奈川县。他创办的娱乐杂志《平凡》二战后风靡日本。

岩堀喜之助决定筹资创办杂志时，周围没有一个人看好他。岩堀自己也承认老百姓连肚子都吃不饱，哪里顾得上买杂志。

但是岩堀有他的理想，即使再穷的人也需要娱乐，一定要创办一份娱乐大众的杂志。于是他四处奔波向亲戚借钱，甚至变卖了家里的水田，终于凑够了创刊资金。没想到创刊号一出版就卖出了三万份。

“只要带着好奇心，你就一定会发现乐趣。”正是在这种好奇心的驱动下，岩堀喜之助后来又相继推出了《周刊平凡》、《平凡Punch》、《an・an》等一批具有影响力的娱乐杂志，为日本战后文化的形成做出了贡献。

雅诗·兰黛

（雅诗兰黛公司创始人）

接触顾客，

把最好的产品和服务提供给每一个人。

高级化妆品品牌雅诗兰黛，在创立半个多世纪后依然是全球女性青睐的品牌。其创始人雅诗·兰黛的创业故事在美国家喻户晓。

1906年，雅诗出生于纽约的一个移民家庭。她的叔叔是一位化学家，自己在家调配出一种面霜。雅诗帮叔叔把这些面霜拿到美容院或社交场所兜售，而这成为她美容事业的起点。

凭借聪明和勤奋，雅诗终于赢得了进驻高级百货店的资格。雅诗非常重视与顾客接触，凡有顾客经过她的专柜，她都热情地请顾客试用自己的商品，提供咨询，帮助顾客做出最佳选择。这种销售方式在当时还非常少见，竟获得了意想不到的成功。随着事业的发展，雅诗终于在通用汽车公司大楼里开设了自己的办公室。

“接触顾客，把最好的产品和服务提供给每一个人”，雅诗从创业初期就立下了这一不可动摇的信念，并贯彻终生。晚年的雅诗在回顾她的创业生涯时曾这样说：“与顾客接触才是我的最大幸福。”

山崎峰次郎

（S&B食品创始人）

没有哪一种植物能比香料更迷人，
更能表现枯荣盛衰了。

S&B食品创始人山崎峰次郎17岁时从老家琦玉县来到东京谋生。他先是在一家制作调味酱的作坊打工，因为喜欢吃咖喱饭，他对研制咖喱粉产生了兴趣。

经过反复摸索，山崎终于成功制作出咖喱粉，并在20岁那年创办了“日志贺屋”。后来“日志贺屋”又继续推出品种多样的咖喱粉，逐渐发展成为今天的S&B食品公司。

“没有哪一种植物能比香料更迷人，更能表现枯荣盛衰了。”这是山崎在他的著作《香料之路》里的一句话。

山崎从不只盯着自己公司的利益，他还积极为行业的发展献计献策。在东京咖喱调料制造业协会、全国番椒制粉工业组合、日本咖喱振兴会、全国咖喱工业组合联合会现为日本咖喱工业协同组合等组织中都有山崎的身影。这些行业组织中，有些是他参与创建的，有些组织他担任了会长或理事长。

杰夫·贝佐斯

（亚马逊公司创始人）

是我们的选择
塑造了我们。

亚马逊创始人杰夫·贝佐斯，1964年出生于美国新墨西哥州。贝佐斯毕业于普林斯顿大学，专攻计算机及电子工程学。他毕业后进入纽约的一家投资公司，先后担任过两家公司的副总裁，事业一帆风顺。但他很快发现电子商务具有更大的发展前景，于是决定退出金融界。

1994年，30岁的贝佐斯在妻子的支持下移居到西雅图，在那里创建了一个图书零售网站。第二年他把网站命名为“Amazon.com”（亚马逊网）。亚马逊仅用了四年，就把销售额提高到25,290万美元。贝佐斯也因此成为名噪一时的IT业传奇人物。

贝佐斯创业非常偶然。一次，他看到一个数字——年增长率2300%，互联网每年正以这个速度在迅速成长，于是他立刻想到了创办电商网站。至于卖什么，他想到了计算机、音乐制品等20多个品种，经过筛选最后剩下了图书。

“是我们的选择塑造了我们。”这是贝佐斯在母校毕业典礼上讲的话。如果你对现状感到不满，那么就应该从自身找原因，否则你只能原地踏步。

第五章

相信自己

松下幸之助

(松下电器株式会社创始人)

遇事要保持冷静，

不惊不慌。

松下电器株式会社从无到有，从小到大，最终成长为世界著名大企业，其创始人松下幸之助因此被人们称为“经营之神”。可是，松下的人生逆境重重。

松下幸之助22岁时好不容易办了一家生产灯头、插座等产品的工厂，可是生产的新型灯头完全卖不出去。工厂很快陷入了经营困境，一起办厂的人也相继离去。实在缺钱的时候，他的妻子只好变卖衣物勉强度日。

后来松下经过奋斗终于开发出新式电源插头、双口灯座、炮弹型自行车灯等一大批畅销商品，使工厂走出了困境。但好景不长，世界性的经济危机接踵而来，工厂的销售业绩大减一半。很多公司都开始裁员，可是松下没有解雇一个人。为了控制产量，松下一方面导入了半天工作制，另一方面又在销售上投入大量人力，积极减少库存，使工厂顺利渡过了难关。

但是后来，随着家电制品需求的减少，不少松下零售店、代理店都陷入了亏损的困境。为了重整旗鼓，70岁的松下幸之助不惜放弃会长职务重新回归市场，亲自担任营销总监，在一线鼓舞士气。

身陷逆境谁都免不了会迷失方向，这时请想起松下的这句话：“遇事要保持冷静，不惊不慌。”

御手洗毅

（佳能公司创始人）

公司的繁荣离不开每个人的真诚贡献，
我相信大家。

随着经济的恶化，不少人都做起了兼职。既是医院的大夫又是企业的经营者——佳能公司创始人御手洗毅就是这样一位身兼二职的人。

1901年，御手洗毅出生于日本大分县。从大学医学部毕业后，御手洗毅进入日本红十字医院成为一名产科大夫。他的几个朋友办了一家精机光学研究所，他就在研究所里帮忙负责一些筹集资金的工作。

到了1942年，太平洋战争加剧，公司主要成员全部被征兵派往新加坡。御手洗毅也面临命运的选择。当时公司已经拥有上百名员工，大家都希望御手洗毅能挑起公司经营的大梁。

41岁的御手洗毅考虑再三，接受了大家的请求。他上任那天对员工们说："我既不懂技术，也不懂会计，大家要想糊弄我很容易，不过那样的话公司迟早会破产。"接下来他又说："公司的繁荣离不开每个人的真诚贡献，我相信大家。"

相信自己的部下，这就是御手洗毅的经营哲学。正是这种信赖关系成就了佳能世界一流相机企业的地位。

比尔·盖茨

（微软公司创始人）

直觉有时是最可靠的。

微软公司创始人比尔·盖茨，1955年出生于美国华盛顿州西雅图市。比尔·盖茨13岁就开始编写程序，在计算机编程方面具有超人的天赋。

他19岁时与朋友合伙创办了微软公司。当时他正在哈佛大学读书，为了把全部精力投入到事业上，他选择了从哈佛退学。经过几年的努力，他开发出几乎控制了整个操作系统市场的Windows操作系统，获得了巨大的成功。随着微软的迅速发展，比尔·盖茨39岁时便成为世界首富。

实际上比尔·盖茨上高中时就曾办过一家叫Traf-O-Data的公司。他发明了一种利用计算机计测交通流量的机器，但因销量不佳，公司中途关门。因此盖茨在创办微软公司时，不仅已经有创业的经历，而且还有失败的经历。

“直觉有时是最可靠的。”比尔·盖茨在面临困难时非常相信自己的直觉。

不论是挑战还是失败，比尔·盖茨都走在了别人的前面，也许正是这种经历才练就了他超人的直觉。

孙正义

（软银控股集团创始人）

20多岁立下目标，
30多岁积累至少1000亿日元的资本，
40多岁大干一场，
50多岁功成名就，
60多岁把事业传给接班人。

软银集团创始人孙正义的人生波澜起伏，充满曲折。

孙正义16岁时从久留米大学附属高中退学，只身赴美。他在加州大学伯克利分校读书期间，发明了一种语音电子翻译机，并把这项专利卖给了夏普公司，获得了1亿日元的资本。1981年，年仅26岁的孙正义回到日本，创办了软银公司。

软银以经营软件批发起家，事业稳步发展，一帆风顺。可是就在这时，孙正义患上了严重的慢性肝炎，这一病就是三年。公司业绩一路下滑，出现了赤字。但是孙正义没有悲观，他把住院当作养精蓄锐的机会，一边大量阅读，一边思考自己的下一步，等待起死回生的机会。

孙正义很快就抓住了一个机会。在网络泡沫破灭之前，他对美国雅虎进行巨额投资。很快雅虎的业绩大增，孙正义因此获得了巨额利润。孙正义以此为资本，迅速将事业扩大到金融、证券、风险投资、通信、电视、广播以及职业棒球队经营等多个领域。

孙正义在很多人眼里是个做事离谱且从不考虑后果的人，但实际上孙正义早在19岁时就已经给自己制定了“50年人生计划”——“20多岁立下目标，30多岁积累至少1000亿资本，40多岁大干一场，50多岁功成名就，60多岁把事业传给接班人。”

制定目标不能过于琐碎，但也不能没有目标，否则你就有可能在逆境中迷失方向。

山内溥

（任天堂公司前总裁）

市场是我们打下的，
难道还需要调查吗？

任天堂公司前总裁山内溥，1927年出生于日本京都市。在他就读于早稻田大学法学部时，他的爷爷，也就是任天堂的第二任总裁因病突然去世，年仅22岁的山内溥不得不继承家业，成为任天堂的第三任总裁。而在山内溥接班之时，任天堂还只不过是一个生产扑克纸牌的小玩具公司而已。

山内就任总裁后，积极开展多种经营。1980年，任天堂便携式游戏机“Game & Watch”一举成功，从此任天堂作为游戏机制造商开始进入一个新的时代。特别是红白机的出现使任天堂游戏机风靡一时，红白机及软件的销售双双创下历史新高。此后，任天堂又不断推出GAMEBOY、超级任天堂以及各种游戏机，确立了其在游戏机制造行业的领先地位。

“市场是我们打下的，难道还需要调查吗？”一贯重视创新，提倡异想天开的山内溥这样看待市场调查。

山内溥卸任时出人意料地破格提拔了42岁的岩田聪作为接班人，为持续了三代的家族经营画上了句号。更令人难以相信的是，岩田聪当时入职任天堂才两年。也只有被称为“业界怪物”的山内溥才能做出这样的决断。

土光敏夫

（日本经济团体联合会名誉会长）

自己的火种
要留给自己用。

现在日本经济下滑，前途暗淡，国债只增不减，就业、养老等各种难题堆积如山，大家都盼着能够再次出现日本经济团体联合会（日本经济界最大团体）名誉会长土光敏夫那样的人物。

1896年，土光敏夫出生于日本冈山县。土光经历了三次失败才终于考上中学。从东京高等工业学校机械科毕业后，土光进入东京石川岛造船厂，成为一名涡轮设计员。

后来，土光敏夫先后担任过石川岛播磨重工业及东芝公司的总裁，在经营上成功使企业走出低谷。他在晚年还历任日本经济团体联合会及临时行政调查会会长，为日本的财政和行政改革呕心沥血，奉献余生。他的个人生活异常简朴，吃饭时常常就着一种小咸鱼下饭。

土光敏夫由于推行了大量的改革而被称为“Mr.合理化”。在他看来，不得不向别人借火是件很窝囊的事，所以他说：“自己的火种要留给自己用。”

福原义春

（资生堂集团前总裁）

首先要让我们自己漂亮起来，
然后顾客才会支持我们。

自1872年创办以来，资生堂集团作为日本首屈一指的化妆品生产商依然保持着旺盛的生命力。资生堂的第三任总裁是其创始人福原有信的孙子福原义春。

1931年，福原义春出生于日本东京。他从小体弱多病，患有小儿哮喘，是一个非常不起眼的孩子。从庆应大学经济系毕业后，福原进入资生堂就职。他从一名普通职员做起，积累了丰富的经验。在担任资生堂美国分公司总经理时，他既要负责业务，又要兼做杂务，一个人要做几个人的工作。

福原义春在艺术上的造诣很深。他不仅是一位企业家，还是著名的美术品收藏家和摄影家。“首先要让我们自己漂亮起来，然后顾客才会支持我们。”我们从这句话里可以看到福原对美的不懈追求。

乔治·伊士曼

（柯达公司创始人）

比金钱更重要的
是人们的口碑。

要想创造出世上没有的东西非常难，但如果想把已有的东西大众化，则只需要革新技术就可以做到。正如把汽车大众化的亨利·福特一样，乔治·伊士曼通过改良摄影器材成功开辟了大众摄影的先河。

在创建柯达公司之前，伊士曼在保险公司和银行工作，他与摄影结缘是由于自己喜欢。1880年，伊士曼发明了干片技术，并发明了一台干片涂胶机，开始批量生产干片。这是他事业的开端。

可是，伊士曼在一开始就遇到了难题，干片出现了大量次品。他立刻回收次品，为客户提供免费换货服务。等所有问题都处理完时，公司的钱都花光了。但伊士曼认为这件事给他留下了更重要的东西，那就是人们的口碑。“比金钱更重要的是人们的口碑。”

不论对公司还是对个人，失败有时反而会变成机会。在众人注目之下如何面对失败，最能体现出一个人对待工作的态度。

松浦元男

（树研工业创始人）

坚守
才是最强的进攻。

树研工业创始人松浦元男，1935年出生于日本爱知县名古屋市。从爱知大学毕业后，松浦进入当地的一家胶带纸公司就职。他30岁时成立了树研工业公司，致力于技术开发，并成功开发出只有一百万分之一克的世界上最小的粉末齿轮。

树研工业最大的特点不仅在于它高超的技术水平，还体现在它不同于其他企业的组织管理体系，如没有退休年龄、没有出勤簿、加班时间自己申请、不做人事评价、工资完全以工龄计算等。这些措施的目的就是为了保障员工的生活，让员工在一个没有后顾之忧的环境中安心工作。

受当时经济状况的影响，面向汽车、家电行业的齿轮销售大幅减少，公司也一度陷入了赤字困境，但松浦没有为节约经费解雇任何人。相反他积极主张加大设备投资，加强员工培训，在十分困难的条件下依然逆风而上，保持着积极进取的态势。

松浦元男之所以能够这样做，是因为除了在第一次石油危机的1974年5月之外，树研工业一直保持良好的业绩，而在这期间，松浦脚踏实地，重视积累，为未来发展打下了雄厚的基础。对此他是这样说的："坚守才是最强的进攻。"

什么时候该守，什么时候该攻，人们往往会做出相反的判断。松浦元男的这句话是最好的参考。

保罗·奥法里

（金考快印创始人）

学会了请人帮忙，
你就成功了一半。

金考快印创始人保罗·奥法里患有多动症和读写障碍症。在创办金考快印时，他的办公室里没有电脑，也没有任何文件，桌子的抽屉里空空如也。

读写障碍症让他吃了很多苦头。小学一年级时，他因为记不住26个字母而无法升级。他转过8次学，其中4次被学校勒令退学。但他并没有自暴自弃，而是一直考虑着如何找到一份自己能干的工作。

1970年，奥法里在南加州大学读书时，发现周围的学生们需要复印，而当时复印机又非常少，于是他就下决心开了一家复印店，即金考快印一号店。今天，金考公司已经成为一个生意遍布全球的知名大企业了。

人们在金考常常找不到奥法里。为了让自己有足够的时间去思考，他有时故意不去办公室。他尽量把业务交给员工负责，自己很少插手过问。奥法里非常重视人与人之间的关系，“学会了请人帮忙，你就成功了一半”，这就是奥法里走向成功的秘诀。

十河孝男

（德武产业社长）

关注老年人的需求
是我们应尽的责任。

位于日本香川县的德武产业是一家制鞋企业，因为采取了顾客可以只买单只鞋子这种独特的销售方式而受到人们的关注。

德武产业社长十河孝男为了开发适合老年人的方便鞋，花了两年时间走访了30多家养老院，听取了500多位老人的意见，了解到老年人容易摔跤是因为鞋不合脚。老人上了年纪后因为脚弓变形，左右脚尺寸会变得不一样大，所以很难买到合适的鞋。根据这个结果，十河决定向老年人销售左右尺寸不同的鞋。如顾客有需要还可以只卖单只鞋。他们还结合老年人的行走特征，开发出脚尖部分略带弧度的一系列老年安全步行鞋。

虽然刚开始效果并不理想，但他们经过不断改良、扩大影响，终于使业绩大幅增长。现在德武产业已经成为日本老年安全护理鞋的龙头企业，累计销售数更是突破了500万双大关。

当初十河提出卖单只鞋时，周围一片反对之声，但是十河坚持自己的信念，他说："关注老年人的需求是我们应尽的责任。"十河把对老年人的关爱看作是一种社会贡献。这种乐于奉献的精神使他的事业获得了应有的回报。

亨利·福特

（福特汽车公司创始人）

当你无能为力的时候，
只好听天由命。

亨利·福特是福特汽车公司的创始人。他通过研发汽车制品，彻底改变了人们的生活方式。

福特有一个梦想，就是要把汽车从只有一部分人才用得起的奢侈品变为普通人都能用的大众产品。为了潜心做汽车设计，福特37岁时辞去了电灯公司的工作。

1903年，福特向记者发布了“生产汽车1万辆，每辆售价400美元”的计划。这款车将全部使用福特公司自己的零配件，并且汽车的颜色只限于黑色。

这一消息不仅让记者们大为惊讶，也使福特周围的人一片哗然。因为福特事先没有和任何人商量就做出了决定。虽然福特因此得罪了合伙人，但由此而诞生的“福特T型车”却获得了巨大成功。福特在他的工厂里引进了生产流水线，使大规模生产成为现实，为现代工业带来了革命。

为人固执的福特，很少改变自己的主张，因此与周围人时有摩擦。这时福特坚持的信念是：“当你无能为力的时候，只好听天由命。”

松本清

（松本清药妆公司创始人）

穷人爱买便宜货，
富人比穷人更爱买便宜货，
所以他们才成了富人。

日本最大的药妆连锁店松本清药妆公司创始人松本清，1909年出生于日本千叶县葛饰郡湖北村。

由于父亲早亡，松本清小学毕业后就进入一家药局当小工。由于他工作用心、勤奋好学，主人便送他去药学专科学校读夜校。

松本清23岁时取得了医药品销售的资格，在松户市北小金车站前开了一家松本药铺，开始经营药妆。1942年，33岁的松本清当选了镇议会的议员，5年后又当选了千叶县议会议员。

1954年，松本药铺更名为药局松本清。那时为了选举，松本每天都要喊着自己的名字到处宣传，有一天他突发一念，就把店名改成了松本清。

1969年，松本当选松户市市长。在任期间他实施了许多具有特色的改革，成为当时的话题人物。

“穷人爱买便宜货，富人比穷人更爱买便宜货，所以他们才成了富人。”这句话是一个不向命运低头、努力奋斗的成功者从自己的切身体验中得出的结论。

康拉德·希尔顿

（希尔顿酒店创始人）

当地位、名誉和财富都到手的时候，
别忘了你还将得到人们的嫉妒。

1929年，世界性经济危机席卷美国，企业纷纷破产，无数企业家陷入绝望。就在这前所未有的混乱之中，有人却视危机为机会，冷静迎接挑战，这个人就是希尔顿酒店创始人康拉德·希尔顿。

在希尔顿20岁时，经营五金杂货的父亲在家里腾出几间房子开了一家家庭旅馆，这成为希尔顿后来经营酒店的契机。但是开旅馆并不是希尔顿的梦想，他的理想是当一名银行家。他把挣到的钱全部积攒下来，准备自己开一家银行，可惜因为势单力薄而没能成功。

一次偶然的机会，希尔顿在得克萨斯买下了一家酒店，开始了他的经营生涯。经济萧条刚过，希尔顿就率先行动，以超低价大量收购那些将要破产的酒店，使自己的酒店规模迅速扩大并很快走向繁荣。

希尔顿在经营管理上重视控制成本，采取了“委托管理模式”，即把酒店运营托管给专门的运营管理公司，使希尔顿酒店成为世界酒店业中的佼佼者。希尔顿也因此成为“酒店大王”。

“当地位、名誉和财富都到手的时候，别忘了你还将得到人们的嫉妒。”这就是集名声和财富于一身的康拉德·希尔顿教给我们的处世之道。

理查德·布兰森

（维珍集团创始人）

学校如果交给我管理，
我肯定比校长先生管得好。

维珍集团创始人理查德·布兰森，1950年出生于英国伦敦。

布兰森创立的维珍唱片公司不仅推出了“Sex Pistols”、“Culture Club”、麦克·奥菲尔德等一大批家喻户晓的人气组合和歌手，为唱片娱乐产业吹进新风，而且还积极开展多元化经营，在航空、出版、个人金融服务、铁道、互联网以及婚礼产业等众多领域开拓并获得巨大成功。

布兰森是一个喜欢出风头的人。他曾尝试乘坐热气球无着陆环球飞行，还曾在雪山裸滑等。为了给维珍宣传造势，他不惜亲自出马做广告。

很难想象这样的布兰森小时候竟患有“读写困难症”，初级数学连考三次都不能通过。但他胆大包天地对校长宣称：“学校如果交给我管理，我肯定比校长先生管得好。”

他不仅这么说了，还真的去做了。他处处给校长出难题，还逼着校长改写校规，而校长对他的评价也很特别：“他将来要么成为大富豪，要么就进监狱。”结果，他成了大富豪。

正力松太郎

（读卖新闻社前社长）

妒贤嫉能是人之常情，
成功者往往遭到人们的反感和误解。
如果怕被别人嫉妒，
怕招人反感和误解，
那就只好当个平庸之辈。

1959年，日本天皇及皇后首次在后乐园球场观看了巨人球队与阪神球队的职业棒球赛，这就是最初的“天览棒球赛”。在第九局后半场，球星长岛茂的一次起死回生的本垒打使这场比赛成为传奇。日本棒球运动从此迅速兴旺发展，成为一项全民性的体育运动。

策划这场比赛的就是时任读卖新闻社社长、日本电视放送公司的创始人正力松太郎。正力号称自己是一个“从未输过的人”，但这样一个满怀自信的人也有着不愿被人知道的过去。

正力毕业于东京帝国大学法律系。他毕业后进入警视厅工作，后来升任警视厅警务部长，在事业上可以说是一帆风顺。但是，1923年，正力因虎门事件被追究警备责任，受到免职处分。一年后，正力就任读卖新闻社社长。

“任何事情最终还是要自己决定。”正如这句话所说的那样，正力松太郎做事不仅事必躬亲，而且独断专行，因此遭到不少人的反感，但他本人毫不介意，照样我行我素。在他看来，“妒贤嫉能是人之常情，成功者往往遭到人们的反感和误解。如果怕被别人嫉妒，怕招人反感和误解，那就只好当个平庸之辈”。要想干成大事就要有这样一种气概，走自己的路，不在乎别人怎么说。

戴维·帕卡德

（普惠公司创始人之一）

只有全公司团结一致，
向着一个共同的目标奋进，
才能以最高的效率取得最大的成果。

1912年出生于美国科罗拉多州普韦布洛一个富裕的律师家庭的戴维·帕卡德（David Packard）是惠普公司的创始人之一。

帕卡德从小喜欢机械，热衷于小发明。为了学习电气工程学，他考入了斯坦福大学。在大学里，他结识了终生的合作伙伴威廉·雷丁顿·休利特（William Redington Hewlett）。

受经济大萧条的影响，一般大学生毕业后不但不可能创建公司，连找工作都成问题，但帕卡德竟然进了美国通用电气公司。随后他与没有就业而以特别研究员身份回到斯坦福大学考上研究生继续从事研究的休利特一起创业，并于1939年成立了以两人名字命名的惠普公司（Hewlett-Packard Company）。

创业之初，他们只有538美元的资本金。他们租借了一间很小的车库。休利特负责设计电路，帕卡德负责制造工程，两人各自发挥专长，专心制造电气产品。他们成功制造的第一个产品是休利特发明的音响振荡器。著名的迪士尼公司技术人员一次购买了8台。

休利特二战时应征入伍。战后他又回到了公司，公司得到了空前的发展。1947年帕卡德就任公司总裁。帕卡德的名言是："只有全公司团结一致，向着一个共同的目标奋进，才能以最高的效率取得最大的成果。"

秋香翁

（菊正宗酿酒公司传人）

无论如何也要酿出好酒来。

江户时代从上方（关西地区）运到江户（关东地区）的酒被称作“下行酒”（KUDARIZAKE），深受江户民众的喜爱。而关东地区的酒被称作“下不行酒”（KUDARANUZAKE），日语中表示毫无价值、没有意思的“不行”（KUDARANAI）一词便来源于此词。

作为菊正宗酿酒公司前身的本嘉纳商店1659年在神户开业。当时酿造的酒大多作为“下行酒”被送往关东，神户滩区因此成为全日本著名的佳酿产地。秋香翁是第八代传人，他推出了以清冽口感著称的“菊正宗”品牌。

秋香翁通过大规模投资设备和培养技术人才，显著提高了酿酒质量。他提高了酒窖砖墙的隔热效果，并最先引进了德国制造的显微镜。他采用现代化的酿酒技术，改变了当时依赖酿酒师个人感觉的手工作坊式的酿酒方式。当1902年日本国内陷入大恐慌、清酒销售量下降时，他增加了清酒的出口，把出口比率提高到50%，成功渡过危机。

“无论如何也要酿出好酒来。”秋香翁的改革都是基于这一坚定的信念。

雷·克拉克

（麦当劳创始人）

站在大企业顶层的人都背着一个十字架。
为了更高的目标，可能得罪朋友，
失去友情。顶点就意味着孤单。

创办麦当劳的无疑是麦当劳兄弟，但实质上的创始人却被公认为雷·克拉克（Ray Kroc）。

由于麦当劳的自助服务、食材标准化等经营方式深深地打动了自己，克拉克花费270万美元从麦当劳兄弟手中购得麦当劳特许经营权。他坚持“质量”（Quality）、“服务”（Service）、“卫生”（Cleanliness）、“价值”（Value）四大经营方针，竭力推进麦当劳的连锁经营，最终使麦当劳店铺遍布全世界，对各国的饮食文化都产生了或多或少的影响。

但是成功的背后是连续不断的孤独的挑战。最初是克拉克的妻子坚决反对其创业，后来麦当劳兄弟又随意把特许经营权卖给他人。而随着公司规模的扩大，克拉克与创业时一起奋斗的合伙人也逐渐产生了矛盾，最后分道扬镳。

“站在大企业顶层的人都背着一个十字架。为了更高的目标，可能得罪朋友，失去友情。顶点就意味着孤单。”这是成功化解与他人的矛盾，成为世界首富的雷·克拉克的肺腑之言。

特德·特纳

（美国有线电视新闻网创始人）

我才是那个在最需要的时间
出现在最应该出现的地方，
并最应该做那一工作的人。

每个总裁就任的时间和情况都是不同的。

什么时候，在什么情况下成为公司总裁，每个经营者都因人而异。

特德·特纳（Ted Turner III）是因为经营广告公司的父亲突然死亡而开始经营之路的。虽然父亲用手枪自杀这一行为对于一个只有24岁的年轻人来说过于残酷，但特纳却因此而成为特纳广告公司的总裁兼首席运营官（COO）。

为了扩大公司经营，他收购了当地特高频广播的17频道。进入电视行业后，特纳在1980年创办了美国有线电视新闻网（CNN）。大多数评论家都不看好这一全新的尝试，“我才是那个在最需要的时间出现在最应该出现的地方，并最应该做那一工作的人”，特纳对他们说的就是这句话。

特纳神出鬼没地收购了各种各样的企业，当然并不是每次并购都会成功。CNN的创立毫无疑问取得了巨大的成功。CNN对海湾战争的报道引起了全美的关注。

2001年，特纳并购了时代华纳和美国在线，创立了美国在线—时代华纳公司。特纳的经营手法充满了戏剧性。

沃尔特·迪士尼

(迪士尼公司创始人)

梦想一定能实现。
任何时候都不要忘记，
我们的一切都是从一只小老鼠开始的。

全世界最有名的主题公园是迪士尼乐园。

无论大人还是小孩都对迪士尼乐园情有独钟，很多人去过多次，百玩不厌。但你知道吗？沃尔特·迪士尼当年提出设立迪士尼乐园的时候，遭到了周围人的激烈反对。

虽然沃尔特因米老鼠和白雪公主等造型开创了世界动漫的新潮，但他对建设游乐园却完全是一个外行。周围的所有人都认为他肯定会失败，因此纷纷劝说他放弃，但沃尔特根本不听，他用自己的生命保险作担保，融资10万美元，还卖掉别墅，甚至不惜向公司员工借钱，最后终于建成了梦幻王国迪士尼乐园。

其实米老鼠在出现之初并没有引起多大反响，后来因为配上声音才获得成功。因为那时无声电影才是主流，所以人们都认为做配音动漫是不可能的。沃尔特每次颠覆常识的举动，如制作彩色动漫、长篇动漫等几乎都会引起周围人的强烈反对。

如果沃尔特是容易妥协的经营者，那么今天可能就不会有米老鼠，也不会有迪士尼乐园了。“梦想一定能实现。任何时候都不要忘记，我们的一切都是从一只小老鼠开始的。”这是一个坚信梦想肯定能实现的男人所说的话。